作品集萃丛书·时光不老系列

光是时初见的小欢喜

《中学生博览》杂志社 选编

时代文艺出版社

图书在版编目（CIP）数据

时光是那时初见的小欢喜 /《中学生博览》杂志社
选编. -- 长春：时代文艺出版社，2021.6
（青春美文精品集萃丛书. 时光不老系列）
ISBN 978-7-5387-6733-9

Ⅰ.①时… Ⅱ.①中… Ⅲ.①作文－中小学－选集
Ⅳ.①H194.5

中国版本图书馆CIP数据核字(2021)第089832号

时光是那时初见的小欢喜
SHIGUANG SHI NASHI CHUJIAN DE XIAO HUANXI

《中学生博览》杂志社　选编

| 出 品 人：陈　琛 |
| 责任编辑：焦　瑛 |
| 装帧设计：任　奕 |
| 排版制作：隋淑凤 |

出版发行：时代文艺出版社
地　　址：长春市福祉大路5788号　龙腾国际大厦A座15层（130118）
电　　话：0431-81629751（总编办）　0431-81629755（发行部）
网　　址：weibo.com/tlapress（官方微博）　sdwycbsgf.tmall.com（天猫旗舰店）
开　　本：880mm×1230mm　1/32
字　　数：135千字
印　　张：7
印　　刷：三河市嵩川印刷有限公司
版　　次：2021年6月第1版
印　　次：2021年6月第1次印刷
定　　价：36.00元

图书如有印装错误　请寄回印厂调换

编委会

编委会主任：刘翠玲　夏野虹　高　亮

编　　　委：宁　波　孟广丽　张春艳
　　　　　　李鹏修　苗嘉琳　姜　晶
　　　　　　王　鑫　李冬娟　王守辉

Contents 目　录

愿你此生笑靥如花

叠纸船的女孩儿 / 果　舒　002
愿你此生笑靥如花 / 许烟雨　007
你我的梨花不忧 / 浅　昔　010
年少的情谊落成风声 / 宁永顾　016
亲爱的"坦克" / 争　青　023
最彻底的放下，莫过于此刻我们是朋友 / 苏　铁　026

数学君，你可能不爱文科生的我

数学君，你可能不爱文科生的我 / 浣纱栖月　032
那些关于英语君的故事 / 简小言　036
语文课上的相爱相杀 / 南　一　041

熊孩子，你们确定是来上学的吗 / 月明微 047

爱是年少时跑过的一场马拉松 / 鹿眠 052

爱小博的同学都很萌 / 骆阳 059

学霸与学渣 / 成群飘 064

钝感小姐

千小千的甲小甲 / 痴汉千 070

倒霉是一种什么体验 / 二笨 079

超人是我的老师 / 龙蛋 082

当你有一个不会拧瓶盖的同桌 / 包子君 088

媚媚你大胆地往前走啊，莫回头 / 兔子先森 091

钝感小姐 / 水四 102

乌龟小姐的 101 滴眼泪 / 阿砂 108

不完美的小世界

风沙之后继续前行 / 判官 122

我欲乘风破浪踏遍黄沙海洋 / 叶佳琪 126

既然心中有梦为何不为之奋斗 / 朱瑞琴 130

我相信我们都能够始终温柔 / 舟可温 136

山风和云海，不曾相爱 / 莞尔 142

把梦做得入木三分 / 咸泡饭 **154**
不完美的小世界 / 软柿子 **159**

蓝色气球飘过的年少和你

谢谢你路过我的世界 / 愈 之 **172**
梧桐镇的无声季节 / 骆 阳 **175**
像风走了八千里不问归期 / zzy 阿狸 **192**
蓝色气球飘过的年少和你 / 晚安人海 **201**
以最美的姿态离开 / 王道锦 **213**

愿你此生笑靥如花

叠纸船的女孩儿

果 舒

我转学到新学校的那天,天气很好,明媚的阳光俯身亲吻大地,空气中还能闻得到栀子花的芬芳。老师介绍我的时候,全班同学都好奇地看向我。随后我坐到班里唯一的一个空位——江小雨的旁边。她的同桌一周前转走了。我觉得我的这个同桌看我的时候跟别人的目光不大一样,她看我的时候眼睛里闪烁着奇妙的光芒。

熟悉后我知道了当初江小雨目光里的意味,那是一种兴奋,一种追求,一种看到梦想时激动的心情。

我来自一座叫海城的城镇,这个名字一听就能感受到有咸涩的海风迎面扑来。而我到来的这座小城镇却不然,这里虽不是如新疆一样深居内陆,但离海洋还是有一定距离的。作为全班唯一一个近距离接触过大海的人,我在他们心中的形象是带有神秘色彩的。所以每当我讲起海边的故事时，都会有羡慕的目光投来，这让我很骄傲。

相对于其他同学的热情，江小雨对我的态度则显得冷淡得多，但这并不影响我的好心情。我对江小雨和其他同学一样友好，虽然我们在一起的时候从来不聊关于"大海"这个热门的话题，但我知道，江小雨和这个班里其他同学一样向往海洋，向往那无边无际的蓝色梦想池。也可以说，江小雨对海洋的向往比别人更强烈，只是她更喜欢藏在心里从不说出口，只是用行动使自己离梦想更近。

江小雨心情不好的时候就会叠纸船。发现她这个习惯是在某一次月考之后，江小雨的数学试卷虽不是布满红色的叉叉，但和我几乎都是对勾的试卷一对比，的确让人不忍直视。她紧锁着眉头，一遍一遍地在草稿纸上对写错的题目重新进行运算。白色的草稿纸很快就被凌乱的数学符号占满了，从那如鬼画符的字迹上就可以看出书写人的心情是有多不佳！

江小雨把运算用过的草稿纸都撕了下来，一张一张地叠成纸船的形状。她叠纸船的时候模样极认真，好像是在完成什么神圣的使命，紧锁的眉头也一点一点地舒展开来。纸船塞满了江小雨的整个书桌，里面盛满了她的忧愁，驶向汪洋大海，消失在天空尽头。

作为一名备受期待的好学生，江小雨有一个缺点令老师头疼至死。她偏科偏得离谱，地理奇好，英语却烂到掉渣儿。有一天江小雨对我说："航海这东西还是西洋人搞得不错，人家那是祖辈靠海吃饭的嘛。好多地理名著都是英文版的，为了更靠近我的航海梦学点儿英语还是很必要的！"

那是江小雨第一次和我提起她的梦想。她说，她喜欢海，喜欢拥有黄金沙滩的海岸，喜欢在黄昏里的沙滩漫步。她说，她不止一次梦见那片在阳光照耀下如蓝宝石般闪耀着璀璨光芒的大海。江小雨说起梦想的时候眼神里透露出一股坚毅，她微笑的脸庞散发出迷人的魅力，让她在那一瞬间看起来美得不可方物。

到了高三，应学校要求搬进宿舍后，我才深刻地认识到，江小雨对她的梦想，真的不是随便说说。

如果不是和江小雨同住一个宿舍的话，我不会知道，原来梦想可以让人那么努力，让人对生活那么认真。为了追赶大家的步伐，江小雨在英语上可谓是煞费苦心！先天不够，后天来凑。她是我们宿舍里睡得最晚的一个，也是我们宿舍里起得最早的一个。鲁迅先生说他是把别人喝咖啡的时间用在工作上了。而江小雨是把我们午休的时间用在学习上。千军万马过独木桥的年代，不拼怎么会赢。

江小雨没事儿就抱着自己的错题本啃，上个厕所都不忘捎个单词本进去。态度正确了，方法用对了，成绩哪有不上来的道理。江小雨的成绩稳步上升，到了高考一模的时候，江小雨的成绩在我们全级已经是名列前茅了。

高考结束那天，我问江小雨，为什么你从不问我关于大海是怎样的这种问题呢？这个问题从我到这里第一天开始就在我脑海里萦绕了。江小雨笑了笑，说，我去过海城。

小学毕业的那个暑假，江小雨的爸爸要去海城出差，一听到"海城"这个名字，一向憧憬大海的江小雨就兴奋起来，执意要跟着爸爸一起去。可到了海城后她才发现，海城并没有海，只有一个算得上是湖的人工湖泊。后来她听爸爸解释才知道，海城之所以叫海城，是因为这里的人都和她一样憧憬着海洋，"海城"是这里人的愿望。

是啊，海城没海，所有讲给同学们听的海边故事全都是我自己编的。那些我讲的在海边做过的事全都是我见到大海时想做的事。

后来的我每每想起这些事就会觉得很感动，那些日子里江小雨对我的不拆穿，全部是一个女孩儿对另一个拥有同样梦想的女孩儿的惺惺相惜和小心保护。

高考毕业后江小雨家就搬走了，听说，这次她到了真正的"海城"。又听说，她虽然没有如愿以偿地考上中国海洋大学，但也被知名的高校录取了。我找出她的联系方式想去安慰她的时候，她的信息已经先发了过来。

她说，实现梦想有千万种途径，一所梦想的大学只是最便捷的那种，但也不能说明什么。大海何其广阔，即使是一条名不见经传的小河流有一天也会找到注入海洋的入海口。而我，正努力着。Never say never（永不言败）！

她发过来一张照片,照片里的她面对着大海,海风把她的秀发吹乱,她张开双手,微笑着,好像在拥抱整个海洋。

如此乐观向上的女孩儿,有一天定会被生活眷顾。

愿你此生笑靥如花

许烟雨

沅于我而言是一个符号。因为我只是听说这个班上有一个高冷的副班长,也有人说这是一位极其萌逗的副班长。我从来都没有奢望过认识这么个站在"生物链最顶端的捕食者"。

他像神一样地穿梭在教室里的每一寸角落,尽管我和他还来不及相见他就已经早早地回家调理他那根神奇的脊椎去了,可是他的名字还是会时不时地出现在我们周围。他人是不在我们周围了,但他的书法还挂在墙上,虽然我们笑称那是他的"遗书",但它依旧可以证明他是多才多艺的;他人是不在我们周围了,但是他作为优秀小组组长的照片还挂在宣传窗上,虽然我们只是有的时候走上前去装模作样地对"他"说上几句话,但那依旧可以证明他曾经的优秀。他就是这样一直无处不在又一直无迹可寻。

至于我，我只是一个极其普通又渺小的角色。初来乍到的新鲜感一过，就如同从未来过一般。我就是水上的一滴油。我融不进去。

其实，我也没那么想融进去。

然而沅一直在帮我。他经常听我说班级里发生的故事，哪怕我说得又平庸又乏味。于是我开始关心班里琐碎的事情，他也经常讲他辉煌的过去以及班上人对他的"碾压"。慢慢地我就融进了班里成了真正的一员。后来我们的关系变得微妙起来。

我们就这么漫无目的地闲扯，从东扯到西。他像是一位知己，更像一个垃圾桶，让我安心地宣泄我所有的不满。我可以如心灵感应一般地预见他的喜好，他也可以一下子就明白我的软肋。我们甚至还互相约定要一起考Z中。他说，这样和我静静地聊聊天的感觉真好。

这些我全都记得。

可是，我不知道沅是不是全都记得。

有时候我常常在想，有这样的好朋友是一件多美好的事，我一直以为我们是心照不宣的。直到那天，他很开心地告诉我他有喜欢的人了，女孩儿她爹是他妈妈的学生，他们生了一样的病。

我酸酸地回：你们那叫同病相怜。

不知是他真的没有听出话外音，还是我真的于心不忍看着我和沅就这么渐行渐远，此后我们依然像以前那样畅所欲言。他依旧像阳光一样化开我心里的不安,像春风一样吹开我的难过,可是我渐渐明白他终究不是我的。他是太阳,远远地看他的光芒很舒服,但是靠近了,光芒就显得刺眼了。

没关系,我不难过我一点儿都不难过!沉于我而言不过是一个符号,所以就算失去了也没有什么损失,我还是原来的样子。

没关系,不是所有无话不说的好朋友一定会永永远远地在一起不分开,相交了的直线总会有一天向两个不同的方向射去。

没关系,去吧。趁我们还没老去。祝你此生笑靥如花,祝我此生缤纷如锦。愿我们都有灿烂人生。

你我的梨花不忧

浅　昔

我不知道该怎么说清楚我和黎小优的关系。

我和黎小优的区别,简单来讲,黎小优家境富裕,我家境贫寒;黎小优英语特别好,听说读写样样在行,我却只能在及格线边缘垂死挣扎;黎小优是高情商女神,我从小学到现在连个来告白的人都没有。即使是吃,黎小优麻辣火锅吃得畅快淋漓,我却连一口微辣的酸辣粉都吃得满脸通红,眼泪与鼻涕齐飞。

如果我和黎小优有关系,我觉得我们应该是"死敌"。

她总是说我人矮腿短,我总是说她小腿又粗又难看;她说我头比地球还大,我说她眼睛比蚊子腿还小。我们互相掐架,斗起嘴来谁也不让谁:她说我怕老妈是个"妈管严",还是个低情商宅女,我说她是全身风流债外加购物狂的败家女。她是我老妈眼中的"别人家的孩子",我是她妈妈嘴里的"懂事好孩子"。幸好我们的妈妈都不认识,否则我真怀疑当初她俩是不是抱错了娃。

每当我去她家,公然霸占她的电脑还吃她的点心时,黎小优总会像唐僧般念叨个没完,其实她就一个意思:不准我把点心渣掉在键盘和桌子上。为什么她不监督我?噢,她去做饭了,午饭和晚饭都是她做的。你看,她已经上得厅堂下得厨房,可我只会泡碗面加根香肠。

我们也一起去KTV唱歌,黎小优得天独厚的嗓音"唱"遍全校无敌手,我?我在吃东西啊——满桌的食物我可以快速地消灭掉半桌,留下半桌再和黎小优分享。你看,我吃得比她多,可她竟高出我半个头。如果我们俩是商品,黎小优和我根本就不是同一个档次的,她应该摆在精品区,我……我摆在地摊上。每次这么想,我都能够以非常亢奋的精神状态投入学习,所以估计我唯一的优势就是理科学得比她好,总分比她高,当然,英语还是输给她了。

我俩这么迥然不同,到底怎么认识的?这个问题说实话我也想了很久,想来想去还是从初一那年开始的。

黎小优都说了我怕我妈,其实那也是有根据的。比如,初一那年我在一群离开了温室投入到集体生活便举步维艰的花朵中就像一棵坚强的荆棘,牢记着我家母后对我住校生活的谆谆教诲,生活井井有条,导致我被我那帮几乎全有公主病的宿友们扣上一顶"保姆"的帽子，还美其名曰：室长。

这不，室长还没当多久，有一天，我在阳台上洗餐具，她们一个个半开玩笑半认真地跟我说：你知道吗，103室的室长特别好，不仅给宿友洗餐具，还给她们洗衣服呢。听到"洗衣服"仨字，我手一哆嗦，脑海里突然就跳出了我帮别人洗内裤的场景。哦！不！每天我负责帮你们倒垃圾关房门顺带叠被子，有时候看不过你们把吃完没洗的餐具搁在阳台一整天，还顺手帮你们洗了，敢情还得帮你们洗衣服？！我当时火就大了，"哐"的一声把洗好的餐盒反扣在盒盖上，黑着脸地对她们说："关我什么事儿，你们想找那样的室长就去她那儿住！我这个室长是绝对没有这项服务的，要不你们把我辞了，反正我也不是自愿当这个室长的。"她们瞬间沉默了，后来我再也没当过老好人，只顾自己起床叠被吃饭洗碗，这也导致她们在很长一段时间里没有搭理我。那个时候我居然死脑筋地认为，都是103室长的错！她神经病啊？干吗装好人还帮别人洗衣服！我开始去打听她，想看看她到底是谁，长什么样儿，然后好开始从反感她升级到鄙视她。

可事实证明，我才是神经病。我看到很多老师同学都对她赞不绝口，再加上后来我们分到同一个班，她的优秀更是有口皆碑，所以我居然渐渐遗忘了她是103室长的事儿，还特别友好地跟她混一块儿了！

没错,她就是黎小优。自从初三的一个夜晚我为了安慰她上了她的"贼床"一夜畅谈,大脑系统就自动地把她升级为"知音"党,说起来还是自己作死,明明说好要鄙视她的!居然!居然……开始崇拜她。

不崇拜不行啊!她就像个女超人,上到主任班任门卫,下到小卖部学弟学妹,她……她都有人脉啊!在班级中更是人气极高!整个县城她跑过一大半,哪里卖什么哪里好玩哪里有好吃的她都了如指掌,如果说她在睁眼看世界,那么我觉得我就是瞎的。

然后我觉得我的命运也瞎了,高中的第一年,我们成了前后桌!

前后桌是什么概念?就是除了同桌之外的第二个上课传纸条下课一起上厕所的人。我一直记得黎小优一想睡觉就戳我后背让我坐高点儿帮她"挡风";一想学习了就在后面嘀嘀咕咕地骂我头大挡她视线了让我趴下……这个善变的女人!

黎小优,现在的她比以前更是有过之而无不及,自从她套了个银光闪闪的牙套之后,整个人就像漏气了一样,瘦了!斜刘海儿变成了中分,还戴上了美瞳……现在我想换句话说,如果黎小优是女神,那么我就是女神经。

女神和女神经做朋友也会产生巨大的化学反应,就像黎小优把我一点一点地拉往更美好的方向,我也特别希望还是能够待在她身边。就像黎小优说的,我们会一直一直在一起,一起去KTV嗨歌,一起跑步去公园看老爷爷打太极,一起去吃好多好吃的东西。真不知道她是怎么搞的,上次她和一大帮朋友去溜冰场,滑得那么尽兴,居然没带上我。所以,她一不小心摔倒了,还摔到了头。医生检查了说有点儿轻微脑震荡!会有后遗症……

我不会告诉你们,我向老妈讨了个秘方,每天吃青皮鸭蛋两个,不间断,专治这种玩意儿。所以,黎小优后来打电话骂我:"姐吃到吐啊你知不知道?每天晚上感觉嘴里都是鸭骚味,啊啊啊……"

我拿开电话笑得岔气,然后一本正经地对电话那头气急败坏又无可奈何的黎小优说:"嗯,有效就好!"

我其实没有告诉黎小优,这辈子真的很庆幸能和她成为"损友",谁能忍受我有时候反射弧太长把一切准备好的事情全部弄乱呢?就像我们约好一起出门,半路上她骑着车听到我的尖叫后"唰"的把车停住,心惊胆战地问我是不是腿被车轮卷了,我哭丧着脸说我忘带钱了,她差点儿一口气上不来顺便瞪了我一眼。还有她曾把电动车停在街道边,让我在这边好好看着,她去对面买肠粉,我一听有吃的拼命地点头说好。等待的过程太漫长了,我很无聊就用手使劲儿握车头的手柄,没想到车居然向前开了!我一急,把车一推!车就倒在地上直接瘫痪了。

后来黎小优告诉我,她爸把车送去修,车头都快废了。快废了!回来骂了她一顿,以为是她飙车,把车给撞坏了。有一次，她被一个骑反车道的男人给撞了，锁骨受伤，那时候刚好学校要给高一新生配校章，她锁骨上包扎着的绷带就一同被定格在了校章里的照片上。这次她老爷子看到废了的车头，担心是不言而喻的。黎小优吼我的时候我突然冒出一句："你跟你爸说实话没？"

她当时就安静了，停顿一会儿又毫不在乎地说："说什么啊？有什么好说的？说了你是要赔吗？就你这小样儿把你卖了你也赔不来啊……"

"……"

好像黎小优说得没错，我确实也赔不起啊，我就不作声了。后来我每次一看到她的车就自觉地躲远一点儿，因为那上面写着：我很贵！

但是比车还宝贵的黎小优我倒是更亲近了。

黎小优啊，我没什么钱，不过我可以陪你一直到永远。

年少的情谊落成风声

宁永顾

青春就像一场雨,我们都被淋湿了。忘记了有没有哭,也忘记了有没有拥抱,站在曾走过了几年异常熟悉的街口,雨水从额头一直流淌下来,我们转身便消失了。

忘记了有没有将嘴里的话说出口,忘记了有没有跑,也忘记了有没有回头。

原来,成长就是有些屋檐不能躲,下雨也不能再一起走。但是每个人心中都会有一个下雨也可以一起走的人吧?虽然最后依旧被迫分开,但是经历过就值得。

这是青春最美好的痕迹,是年华赠予的礼物。不管最后我们能不能在一起,都值得刻骨铭心。

那个夏天还没有结束,我们就提前接到了初中学校的通知,和整个镇上成绩排在前两百名的学生一起提前补课,之后参加校内考试,再从这些人中选出八十个人进入

A班。

迟暮寒给我打电话的时候,我也得知了这条消息,但是那个时候我还不知道还要再筛选一次。于是那个夏天我和迟暮寒骑着崭新的自行车,内心充满喜悦与自豪地去学校报到,算是告别了我们的童年时代。

到了学校才忽然发现,外面的世界真的很大。

迟暮寒带我去镇上买生活用品,顺便还去了书店。我到现在还记得我们俩买了同一个类型的茶杯,他的是黄色的,而我的是蓝色的,那个茶杯后来陪伴了我整个学生生涯。然后我还买了一本《呼啸山庄》,便异常满足地和迟暮寒回学校了。

那个时候由于是补课,男生与女生住在一栋楼里。每天天没亮就有女生起来背英语单词,她们都非常重视这次补课,紧张而勤奋。

直到很多天后,迟暮寒才跟我说,补课结束后要考试,只有不到一半的人有可能进A班。我吓了一跳,他们都是镇上学习拔尖的学生,而且还那么拼命,我想我肯定进不了A班了,我变得寝食难安,每天跟在他们后面一起背书,丝毫不敢松懈,但是那个时候我已经很吃力了。

就那样紧绷着神经度过了半个月,庆幸的是,我和迟暮寒都考进了前八十名,也就是说我们都能进入A班。

那个时候我家刚装电话,房间里面是主机,厨房外的墙面上挂着分机。我爸自从知道我考进了A班,变得非常兴奋。时常问我迟暮寒学习怎么样，让我和他好好相处。而我每天最开心的事便是接到他的电话，我爸总是说他又给你来电话了，然后我就欢乐地跑过去接。这种朋友之间的友情，让我觉得自己已经长大了，有了分量。在大人的眼里，我也是有朋友的人了，再也不是孩子了。

而我们聊的不过是你最近看了什么书，或是什么时候去学校之类的无聊琐事。但是在那个急需朋友的时期，迟暮寒的确在我年少的记忆里占据了不可忽视的一部分。

我想每个人的青春都有这么一个朋友，周一早上来家门口喊自己的名字，像青春电影里演的那样，然后主角慌忙地穿上衣服，拿起书包，推出单车，在街角买两个热腾腾的包子和一杯豆浆，随后骑上单车，消失在人海之中。在吃饭、午休的时候习惯靠在一起，抢着看漫画。放学后等在自行车棚，一起欢乐地回家，黄昏把两个人的影子拉得老长，好像能到地老天荒……

这些迟暮寒都跟我做过。那个时候我初一，还是个胖小子。他要在我家门口等我等很久，直到我妈说"你快点儿，人家等你很久了"我才缓缓地推出自行车，跟在迟暮寒后面慢吞吞地骑去学校。由于我胖，骑车的速度怎么都提不上来。后来，一个学期还没有过去，迟暮寒便厌倦了在路上反复等我。

我们在A班的学习生活渐入佳境，几个月后都有了新朋友，便疏离了彼此。迟暮寒不再往我家频繁地打电话，我爸问了好几次后便也不再过问了。我开始习惯一个人的生活。去学校和放学都是一个人在路上，有时候看见迟暮寒也没有太多的热情，只是笑笑就过去了。

友情断裂之后，我们却走上了截然不同的路。我学习刻苦，依旧保持班级前几名，而他却迷恋上了网络游戏。我后来才得知，他经常翻墙出去上网，因此学习成绩一落千丈。初一下学期开学，他转去了B班。

有人说，青春是场兵荒马乱的战争，只能顾及自己。

或许这句话是对的吧，至少在那三年我都来不及回头看看迟暮寒。有时候我想打破这种很僵的关系，但都因为自尊心强拉不下面子而选择妥协。那个时候的迟暮寒也明显在躲我，这使得我们见面的机会少之又少。后来因为我转学，便与他彻底失去了联系。

一直到高三的时候，我们才再次相遇。那是一次月考，我偶然看见张贴出来的考试名单里有他的名字，我忍不住想大声尖叫。我在心里无数次问自己是不是他，我怕只是同名同姓而已，随后问遍以前的同学才得知，迟暮寒也转学来了我所在的高中。

然后我就傻傻地等着，直到他站在我面前，我才确定真的是他。但是我从他面前来回走了几次，他都没有认出我。虽然这几年他的变化很大，但我能从人群中一眼看见他，而他没有认出我，这让我很沮丧。

不知道为什么，我仍然不敢主动去联系他。毕竟已经五年了,也许他早就忘记了我。我和以前的同学聊天,说看见迟暮寒了,他们都说他已经变了,不再是原来的迟暮寒。我不知道什么叫"他已经变了",但是我能够体会到,我们真的再也无法回到过去。

那些年少的时光,便是成长的痕迹。

我加了迟暮寒的QQ后,一直没有告诉他我是谁,只是默默地关注他的动态。这是一种什么心态呢?想靠近却害怕失望,想割断又舍不得近十年的情谊。然而,在我还来不及与他再次产生交集的时候,陆知遥重新走进了我的生活。

一直忘记说,陆知遥是我小学时玩得好的另外一个朋友,自然迟暮寒也和他玩得很好。我们三个算是铁三角吧,只不过在小学五年级的时候,我们便再也没有了交集。

那个时候,迟暮寒成绩最好,我永远是吃力地跟在大部队的后面,而陆知遥压根就没有读书的天分,整日就是疯玩。这种状态维持到小学五年级,被一件偷盗事件打破了,而陆知遥因此也跟父母去了北方一座小城市。

事情源于五年级的一次晚自习停电,迟暮寒和陆知遥去班上拿书包,陆知遥随手拿了同学的东西。后来因为将东西全部还了回来,学校也没有处分陆知遥,可是他还是准备和家人搬去北方了。

记得那天我睡得很晚,起来后,睡眼蒙眬中看见陆知遥一家在往搬家车上搬东西,我兴奋地跑去准备和他一起玩,然而陆知遥阴郁低沉地说:"我要走了。"

我问他:"走了?还回来吗?"

陆知遥看着我,也不说回不回来,只是看着我,问:"你会不会记得我?"

我傻傻地笑起来,"哎呀,我听说你是去过好生活的,所以你以后肯定会忘记我的。要是以后你还能回来,记得给我带礼物哦。"

我还想聊一会儿,但是我妈喊我回家吃饭便匆匆回了家。那个时候谁能想到这种东西就叫离别。

而现在已经接近成年的陆知遥告诉我,那次偷盗他只是顶了迟暮寒的罪,东西是迟暮寒拿的。我记忆泛白,怪不得后来他们的关系恶化。和他走在县城的街上,不禁有点儿唏嘘,如今我们都大了,年少的情谊早就无法再来。往事也淡了,对错之间成全了谁,只有时间能给我们答案。我听见风声,吹得樟树叶子飒飒地响。

我终究没有和迟暮寒恢复年少时期的情谊。

那年六月我高考落榜,八月就去了一座相隔几百里的普通高中复读。从那以后我就再也没有看见过迟暮寒,也与他再次失去了联系。这一切都以不可阻挡的姿势侵占了我们的安稳时光。安妮宝贝说,我们给过彼此的那些眼泪和疼痛,如风飘远,飘远的都是我们前行时候的过往。我想起刚升上五年级的时候,我们三个一起骑车去集镇。南方地区多湖泊,我们路过一个又一个堤坝,风声在耳边就像一首歌,打着旋儿,然后从我们的额头打马而过。

我看见远方的湖面波光粼粼,我们迎着风大声说要做一辈子的朋友,然后对着彼此傻傻地笑。他们两个突然斗气般地蹬着脚踏板,"呼"一下就骑得很远很远。

而我落在后面,吃力地跟着,心想:多么漫长的行程啊!

亲爱的"坦克"

争 青

忘了从何时起,你的名字就一直霸占着我手机通讯录首位,但我却从未鼓起过勇气拨一通长长的电话跟你嘘寒问暖,以便打发思念。你是预言家,记得你说过:"现在你们痛恨我,等多年后你们就会感谢我。"当时,包括我在内的许多同学都斩钉截铁地拼命摇头表示不会。如今,时光未远,我便开始"不争气"地想念你。

五年级时,我向亲民可人、管理宽松的班主任建议:严是爱,宽是害。结果一年后一语成谶遇到你。

初到校,听学长学姐说,你在学校出了名的严格,人送外号"坦克"(威力凶猛,火力全开)。彼时,我还是个青涩懵懂的小毛孩儿,对即将到来的初中生活充满期待,没想到迎接我的是"苦日子",并且才刚刚拉开帷幕。

背诵默写就是个"下马威",写错一个字就罚抄一百遍。仍记得李白的《渡荆门送别》"山随平野尽,江入大荒流"里的"荒"字,估计当时我脑子在纠结午饭要吃面还是饭来着,于是手贱多划了一点儿。结果一百遍被我一个字挤着一个字地抄在一张纸上,我边抄边在心里骂你和作者李白千遍万遍,直到现在仍会背诵这首诗。

　　说实话,那时我真看不起以过多体力劳动来巩固脑力记忆的笨办法,甚至还怀疑你是不是情场失意然后把怨气撒在我们身上。

　　幸好你的课不像你的人一样严肃,四十分钟的课堂总是洋溢着欢声笑语。很长一段时间,你的课成了我整个星期的期待。我们所在的十班跟十二班是竞争对手,学习、体育、卫生各个方面都是比来比去的重要指标。很奇怪,你教的语文老是输给十二班,而那班班主任教的数学却总是难敌我们班。有次期末考,我们班各个科目大获全胜,均名列年级第一,大灭彼班威风。

　　初三分班,我被分到了其他班。后来还留在你班里的同学给我留言说,"坦克班"早已不像之前那样风风火火,过往的难熬时光一去不复返了。

　　在数学老师葬礼上,你迎着冷风抹泪,一改当年的严肃,再铁石心肠的人也有柔情的一面,何况你是个女人呢。那一刻我想,同学们当初再多的怨恨也该往事随风了吧? 当时痛不欲生的点点滴滴也该一笑而过了吧?

亲爱的"坦克",在"坦克班"的两年里,我有过怨言,现在回想起来也不过是懵懂年少的牢骚罢了。那两年里,同学们是如此团结,少被罚一个是一个,能拉一把是一把。敲下这篇文章时,我才倏然想起同班两年连个班群都没有,于是火急火燎地弄了一个。坦克,你看,大家聊得不亦乐乎,连当初的书呆子学霸都一改班宝高冷风格加入我们的抢红包大战呢!

写下这个文题时,我曾多次怀疑"亲爱"二字跟"坦克"是多么不搭调。我们分别快五年了,记忆碎片早已无法拼凑出一个完整的拼图了,不愉快或者不那么顺心的回忆恐怕早就被同学们遗忘在时光深处,刻意挑出满是欢乐的忆点温暖着青葱岁月,至少我是这样的。

亲爱的"坦克",你现在过得还好吗?你可知我想你了?愿你幸福快乐,愿你遇上一帮懂事听话爱学习不那么调皮捣蛋不跟你对着干的学弟学妹,如果没有,就请宽容饶恕、温柔以待。我在世界上的某个角落里默默地祝福你:唯望君安。

最彻底的放下，莫过于此刻我们是朋友

苏 铁

那个充斥着高考气息的盛夏距离现在仅一年之遥，于我却恍若隔世。一年，我还没来得及知道什么叫作改变，就已经悄无声息地迅速长大。一年后的这个暑假，我迫不及待地赶回家里，从未离家如此之久，尽管其实只有半年。

去年的这个时候我孤身在深圳打工，今年我站在这里等一个人。习惯性地比约定的时间提前到达。

趁着这个空当儿，我给你们讲讲我和他的故事好了。你听也好，不听也罢，我只是想讲一讲。

高一，喜欢一个男生，他安安静静做事情的时候特别认真，我不忍心打扰。打招呼说话跟别人一样，没有什么不同，但就是觉得他的每个动作都很到位，怎么看都很舒服，笑起来阳光，甚至让我觉得有点儿傻气，衬衫穿得很

随意，后来才知道其实他很讲究穿着，随意又讲究得那么低调。

虽然同班却只有过极少的照面和对白。有一次他走进教室，原以为他跟往常一样走过我旁边然后坐回自己的位置，他却在快到我前座时放慢了脚步，拉开椅子面对我坐了下来，若无其事地开始与我和我同桌聊天。具体聊了什么我忘记了，那种感觉有点儿模糊，大概当时有被惊吓到吧，对他突然有了异样的感觉。

鉴于本人一直很慢热，所以整个学期跟他也只是不好不坏的同学关系，轻松聊天、随意搭话、不深不浅，仅此而已。然后呢，然后就因为文理分科而分班了。失落过，但过后来看，却是因祸得福。

分班后由于闺密与他朋友关系甚好，经常拖着我一起去他们班找人，我和他因此变得熟络起来，关系进展不温不火、不紧不慢。那时候有朋友悄悄跟我说他也喜欢我，这样的消息对当时的我来说用欣喜若狂来形容一点儿都不过分。于是更加坚定地喜欢下去，不曾质疑。

为他做过的事情不算大事，但凡是自己能想到的就都努力去做，只要在我看来对他好的都想办法做到，除此之外能记起的蠢事不止一两件。其中包括有为了看他打篮球差点儿被球砸到；为了送他平安夜苹果而藏到拐角处跑进厕所洗手，一直到后面的他也走到拐角处再若无其事走出来假装偶遇；也因为在热水机边倒水突然碰见了他然后烫到了手；还有因为走廊偶遇对方，几句问候就傻笑不已现出连闺密都看不下去的花痴状……当然这些都是小事儿了。

直到后来他答应我的事情接二连三地失信，虽然对他热情未减，却已经有了得不到的痛楚，以及对他所谓的承诺不实的失望。尽管如此，却已经很喜欢了，我至今不愿意称这为深陷泥沼，至少当时的我觉得喜欢一个人还是一件很开心的事情。更何况当时他对我也是很好的——亲手冲咖啡给我提神，我感冒时给我送冲剂，走路总是在外沿护着我……

至于为什么没有了结果，大概是因为那时候小女生的心理太傲娇，总觉得应该等男生来告白。然后就一直等啊等，等到毕业都没有动静。其实也动过倒追的念头，但是朋友说，他不喜欢你，你说了也没用；他喜欢你，连跟你表白都不敢，还算个男生吗？我觉得有道理，再加上心里那股虚荣劲儿在作祟，就对自己说：等他来说吧，等填报完志愿吧，再不然就逼自己放弃了。

然后就真的到了报考志愿的时候，毕业后就更是杳无音讯，然后傲娇情绪又来了，不肯自己先迈出一步，又特别难过，就跟我妈说我要去打工。我妈想想有道理啊暑假干点儿事好，然后我就收好行李去了深圳。

在深圳生活了一个多月，从早上八点多忙碌到晚上八点多，忙完之后累得躺下就睡。有时候醒来眼睛都是水汪汪的，除了对货是站着不移动，每天送完货脚上都是水泡，然后又在工作上或受委屈或受挫折。我记得消失近十天后，我拨通了朋友的电话当时就哭了，眼泪流得止都止不住。但是还好，声音还是很平静的，没有哭腔，大概朋友会认为是信号不好吧，就这样边走边哭边说话，差点儿摔了一跤，路旁几个人看到了就大声笑着说美女看好路啊，我转过身流着泪对他们笑了。

  挂了电话找了个没人的地方蹲着继续哭，哭完发现没纸巾又不好意思去买，还好当时天黑，走在路上光线暗的地方把泪风干了才回的宿舍。花了一个月的时间适应这样快节奏的生活，用剩下的半个月努力把这样快节奏的生活过得畅快一点儿。尽管总是熬夜，却意外胖了几斤。大概太累了，每次都吃很多饭。然后一个多月下来才发现所谓的失恋（好吧，当然是指暗恋的失恋了）没有那么严重，忙到没有时间去难过去思考这段感情的是非对错值得与否便这么不知不觉地放下了。

  我知道放下一段感情不容易，毕竟真心付出过。我并不后悔喜欢过他，我当时就是很喜欢他，至于曾经纠结于他到底喜不喜欢我会不会跟我说，再讨论也没有意义。

  前几天闺密跟我说，我喜欢的这个男生跟其他人说我喜欢他。这么看来，他自己是有所察觉的，那么所谓的"他都不知道我这么喜欢过他"的遗憾也就没有了。至于他怎么知道的并且为何又跟其他人提起这件事，我想不清楚为什么，也就不想了。反正我现在已经不喜欢他了，但我依然很喜欢那时候的自己——趴在楼道上看操场上的他打篮球；认真听他讲每一句话，喜欢他的每一个小动作；送他生日礼物送他平安夜苹果；给他学习上的帮助，答应他的一切要求（其实他也没怎么提过要求）；偷偷去看他参赛前紧张地练舞，然后在人群中一眼认出他的背影。有句话说，喜欢一个人，连他的背影都深刻脑海啊。

嗯，反正就是，一个人的心甘情愿吧。我想只是因为成长吧，成长教会我的东西，非我所愿，却也会融为我身体的一部分。

结果是，就这样放下了，没有带着悔意，只是很感激。

忘了说，我等的那个朋友已经到了。他还是高中时我喜欢的那个样子，只是我们之间已经没有了故事。

我见到他，微笑着挥手示意。

嗨，好久不见，我的少年。

我想，对我来说最彻底的放下莫过于此刻我们是朋友。

数学君,你可能不爱文科生的我

数学君,你可能不爱文科生的我

浣纱栖月

"这次大家的数学成绩普遍有所下降……要知道,学好数学可是文科生提高总成绩的关键……"数学老师又在讲台上喋喋不休,我在座位上,盯着开满"大红叉"花的试卷,郁闷地转笔。半睡半醒状态中,听数学老师从一张试卷讲到高考,讲到未来,我心里不禁默默吐槽:这个成天和函数几何打交道的老头那么能说会道怎么不去当语文老师?

手中转着的笔"啪"的一声掉到桌面,把我从神游状态拉回现实。

拼了!我抓起试卷和草纸,开始了消灭"大红叉"之战。

从第一个"红叉"基地开始,我把错题重新演算了一遍,一遍,又一遍……为什么还是算不出正确答案?!

李清照有句词"欲语泪先流"——喏，这就是我现在的心情！

征服不了试题，就从征服例题开始！

认认真真地翻来练习册的例题，认认真真地研究起来。

嗯，这一步是由前面两步得来的，这一步是根据概念……最后答案是……呀？怎么会不对？明明是按照例题的思路做的啊！

不解之下，我再次用四百度的近视眼仔仔细细扫描了一遍例题解答。啊？这一步骤是在哪儿冒出来的？刚刚看的时候明明没有啊……于是我开始了一场伟大的探索研究，可脑子里都是语英历政地，压根儿没有数学君一席之地。幸好"三人行，必有我师焉"的名句提醒了我，我带上例题和纸笔，飞扑到一位学霸身边！

学霸就是不一样，三言两语直中靶心，把困扰了我几十分钟的例题步骤的由来讲解得明明白白。

感激之余，羡慕暗由心生，我也要当这样狂踢酷炫的文科生数学学霸！

学霸养成第一招：上课认真听课。

对于早上第一节课上数学这件事儿我一直很想知道排课老师是怎么想的。上课铃声响过，我还泪眼婆娑地苦苦哀求瞌睡虫们放过我，前排的学霸们早已一个个坐得笔直。没办法，只能拼了，再困也要睁大眼睛，努力跟上老师的思路。

一节课很快过去,老师一走,同桌马上把头从手臂里探出来,"哎呀,你上课怎么不困了?"我一脸郁闷地望向她,几秒后她实在忍不住,"嗵"的一声又趴在了桌面上……

经过一个星期的坚持,我总结出这样的学霸真谛:数学课只要跟上老师的思路,思考并回答老师的问题,就基本可以赶走瞌睡虫!上课效率也会提高!

学霸养成第二招:下课猛力刷题。

下午的斜阳余晖洒满校园,映得整个校园温馨美好。但此时的我却无暇观赏美景,我正匆匆赶往教室,还有半个小时上晚自习,我要把这半个小时贡献给数学。

一到教室才发现一半的座位都坐满了人。我也赶紧奔向座位,准备开始畅游题海。可题海里风浪太大,没有我想象得那么容易,半个小时下来也只写了五道题,还错了仨……若不是那么多同学在场,我真想把练习册摔到地上,再踏上一万脚。这题目是什么啊!出题老师有考虑过我们的感受吗?

但有句话说得好"失败是成功之母",数学写错的题目弄懂了以后,类似的题目基本都不会再错啦!慢慢地,在"题海"中遇到些风浪我也可以自行处理了。

期末考试悄然而至,经过一个学期的磨炼,数学你就放马过来吧!

成绩出来,数学提高了20分!开心之余数学老师一脸惋惜地告诉我,他看过我的试卷,最后两大证明题都是0分……

　　纳尼?听到这个消息我差点儿吐血身亡!再看看老师手里的成绩单,学霸们一个个都比我高出三四十分!

　　五雷轰顶怎足以形容我此时的心情?

　　数学虐我千百遍,我仍待它如初恋。

　　数学君啊数学君,我用一个学期的时间换你一次回眸一笑。尽管你对别人笑得更灿烂,但我绝对不会放弃对你的追求。接下来的日子里,我会更努力,你现在不爱我不代表以后不被我打动,总有一天,我会让你爱上文科生的我!

那些关于英语君的故事

简小言

在我的世界里,只分两种语言。一种是听得懂的,一种是听不懂的。而在听不懂的语言里,英语君便是我的大敌。一个纠缠了我数年、协同高考君一起虐我这个祖国花骨朵的强大敌人。

按照一般的剧情设定,我应该是一开始英语十分渣,然后越挫越勇,逆流而上,迷途知返,后遇高人相助,最后柳暗花明顿悟了英语的真谛,英语之光洗礼了我卑微的灵魂。我因为一滴真爱的眼泪而能力爆棚,状态全开,灯光一闪,一剑砍死了英语大魔王,从此过上了幸福快乐的生活。

然而,人生如戏,戏如人生,艺术源于生活而高于生活,所以我的世界从不按普通剧本套路上演。

我的剧情是这样的,一开始很渣,很烂,经过我的不懈努力和青春热血的意志后，越来越弱，越来越渣。加了众多特技后更渣到了一发不可收拾的地步，最后还差点儿被高中踢出来。

与英语君初次见面时是在我上幼儿园的时候，那时老师每天都教念ABC。而作为一名节能主义者又极度崇尚中华文化的中国好少年我怎么能念这种拗口的外国语言呢？所以我排斥、排斥、再排斥，等到我发现这样做是大错特错时已悔之晚矣。然后看破红尘，破罐子破摔，直到如今这般无力回天的地步。

我的老师嫌弃我，我的父母放弃我，我的同学远离我。一切只是因为我的英语渣。

我真傻，真的。我单知道英语高考会考却不知道它的分数竟与语文和数学相匹敌，我知道英语能够与语文和数学相匹敌却又太过高估自己的智商，我高估了自己的智商却又低估了英语君的变态。于是，我又开始各种狂补英语，企图与之友好相处，每天早中晚地与英语君切磋，各种讨好各种认真，可是，英语君似乎已经不想跟我好好做朋友了。一直对我冷淡至极，所以至今仍未及格。而这一切就因为我之前对他的不重视，所以骄傲的英语君想尽办法用各种测试让我吃尽了苦头。

就在我与英语君处得红红火火、恍恍惚惚的时候，剧情终于肯踏上正常的狗血套路了，一个有颜任性的长腿帅哥出现了！

他来了！帅哥过来了！他走近了我，极温柔地拿开我的英语书，轻轻抖出夹在里面的漫画，淡淡地说："下课来我办公室一趟。"

是的，那年轻帅气的男子就是我尊敬的英语老师。

英语老师乃我校老师的颜值担当，那让众多女生为之花痴疯狂的帅气脸庞毫无压力地打败全校年轻气盛附带青春痘的男生，成功晋级为校草男神。

他是我见过最帅的老师，"90后"，一米八以上，白净，单身，只是……老师大大你能不能把漫画还我啊？人家刚看到精彩处呢。

"及格了就还你。"

哦，不！英语君他不爱我！老师大大把漫画还我吧，真的就差看大结局了。

英语老师帅气地把漫画收进抽屉，对我露出一脸迷死人不偿命的笑容。

哦，不！这世界还有比没收我漫画更残酷霸道的事吗？面对如此恶势力，身为拥有满腔热血的学子，怎么能屈服于他的淫威呢！

但俗话说得好，大丈夫能屈能伸。我觉得，我应该能算是个大丈夫。我觉得稍微屈一下好像也没什么。然后，我屁颠屁颠地回去背单词了。

在我心爱的漫画诱惑下，在我那帅气的英语老师的悉心教导下，在我废寝忘食的努力下，月考终于到来了。见证奇迹的时候到了,接下来就是我逆转乾坤站上巅峰的时刻了,想想还有点儿小激动呢。

拿到试卷的那一秒,仿佛时间都静止了。我激动的心情已经没有任何语言任何文字可以表达了。为了显示我是真的很激动,为了表示时间真的静止了,我静静地坐在考场里发了半小时的呆后,终于拿起笔写下了我的名字。然后,把整张试卷大概看了一遍,在一道阅读题上停下了我的走马观花……

英语老师敲敲我的桌子,意味深长地看了我一眼,秒懂了他的意思后我极认真地回了他一个自信的笑容。

没错,这道改错题是我背过的,是我没日没夜背诵过的,是老师提问过的。我大笔一挥洋洋洒洒地把英语翻译全写出来了,然后,我又开始了如同以往的掉线黑屏死机模式。

这是改错题啊!它让我写出这篇文的十处错误,可是我觉得都挺妥当啊,读着都挺顺溜的,我还翻译得挺好挺自信的。我面露难色地看着老师,他一脸信任地看着我,我仿佛又听到了英语君那挑衅的声音。

经过两小时的冥思苦想,奋笔疾书,我发现,果然,不会的还是不会。在离交卷仅剩两分钟的时候,我郑重而紧张地填涂了选择题后,交卷了。

相信奇迹的人,奇迹才会选择你。这句话说得一点儿都没错,我及格了,人生第一次英语及格,超出及格线两分,虽然还是排名垫底。

至此,英语废才的我与英语君之间的故事便真正开始了。有一颗青春热血不败的心,有一个持战多年的死敌,朝夕相处不离不弃,英语君,愿温柔相待,接下来的日子,请多多指教。

后续:我雄赳赳气昂昂地拿着试卷用力拍在老师桌上,二话不说地伸手要漫画(此处行为仅用于课后及没有暴脾气的老师身上,如果对方是四十开外的教师请谨慎使用),老师帅气一笑:"明天再还你吧,我看到最后一章了。"

语文课上的相爱相杀

南 一

讲到这位语文老师,我可真有点儿犯愁。最近似乎和他犯冲,上他的课诸事不顺。

记一篇偏题的作文

"今天我们要写一篇作文。"语文老师刚进班就给了我一个晴天霹雳。

"哦,天啊,又要写作文!怎么办?怎么办?"我瞬间慌了神儿,转向同桌,一连问了N个"怎么办"。

"我们这次把作文写在答题卡上,我来尝试一下网上阅卷,然后没有痕迹的卷子再发下来,同学互批,并写评语打分,看最后与老师打的分数相差多少。"好吧,果然还有更可怕的消息。

"同学互批！"我的内心是拒绝的。

看完题目，我一头雾水，完全不知道写什么。再看看四周，大家都开始写了。"完了，我要写不完怎么办？算了，先写再说。"于是，我硬着头皮写完了一篇不知道写了什么的作文。

但是显然，这样的作文成了一篇跑题之作！

在互批、打分、写评语这一系列流程之后，老师也将他打的分数写上了我的答卷。他抱着一堆答卷慢悠悠地走进教室，我的心随着他的脚步声越发沉重。果然，他还是要一个个报分数的。当报到我的名字时，他顿了顿，提醒我要有心理准备。当然，我早有预料，做好了拿低分的准备。"三十二分！"哎，听到真正的分数后还是会难过，尤其还当着全班同学的面。

"文章跑题一般打到三十分，写得好一点儿的打到三十二分。"所以他这是夸我的作文是跑题作文之中的佳作吗？我无奈地叹了口气。

记一次莫名其妙的默写

"大家拿出默写本来，我们等下要默写。"

"啊？默什么？昨天没说啊。"我又开始慌张了。

"大家认真圈画一下《看社戏》这篇文章中的重点词语，等下叫一名男生一名女生上前面默写，其余的人在默写本上写。"

"什么？自己圈画？难道这不应该是老师的事儿吗？"哎，算了，我还是看吧，谁让他是老师呢。

我认真地圈画，不放过任何一个可能默的词语，似乎心中早已笃定他会叫我上黑板默写。

"我抽学号吧。女生三号，男生三十五号。"果然，我的第六感就是那么准，我生无可恋地看了一眼同桌，走上了"刑场"，等待接受老师的宣判。

"这有点儿像词语听写大赛啊，男生女生一较高下吧。"什么情况？我还要代表全班女生的水平啊？那要是输了，女生多没面子啊，我可不想成为罪人！

在写下第一个词"寒碜"后，我听见底下同学一阵骚动，"哈哈，他第一个词就错了，太好了。"我为自己的初战告捷而洋洋得意。毫无疑问，最终的结果当然是我赢了，成功打败男生，奠定了女生威武的局面，连同桌也夸我代表了女生默写的最高水平。

记一次稀里糊涂的回答

"把宋词翻到《浪淘沙令》，三号同学翻译一下词上阕的前两句。"

"我？老师不是八百年不叫我回答一次问题的吗？"我慢悠悠地站了起来，看了一眼"帘外雨潺潺，春意阑珊",随口翻译道:"窗帘外雨声潺潺,春天,春天……"好吧,我翻译不下去了……

"阑珊不知道什么意思吗?看课下注释。"

"衰败?春天衰败是什么意思?"我愣住了,不说话。

"阑珊是衰败、将尽的意思。我替你翻译吧,春意阑珊就是春天快要过去了的意思。"老师一脸无奈,"那你回答一下这句词用了什么叙事方法!"

"白描。"我不假思索,张口便答。

"我问的是叙事方法,你回答的是描写方法!答非所问。"

我再一次愣住,不知道回答什么,老师只好叫我坐下。我心里忏悔"老师我错了,下次我一定认真审题。"

老师又叫了一个男生回答这个问题:"你回答一下刚刚三号同学没回答出来的那个问题,她拒绝回答我的问题。"全班大笑。

什么情况?我哪里拒绝回答问题了?只是不知道说什么而已啊。

记一次乱七八糟的背诵

上课五分钟后,老师还没来班级,课代表只好去请。而我和同桌还在讨论上节物理课遗留下来的问题,最近可真是被物理折磨得生不如死。

老师进班后让我们拿出课本，见我和同桌没动静，便说："有的人书还没拿出来。"于是我和同桌忙收起物理书拿出宋词选读。我嘴里嘀咕了句："不就是说我呢吗？"当然，我一直很乖，这句话也只敢小声说给自己听。

"他昨天才叫我回答过问题，今天肯定不会叫我了。"我放松了警惕，谁知，天不遂人愿，他刚说了几句话就点我起来回答问题。哎，我最近的出镜率有点儿高啊。

"欧阳修的《踏莎行》中，'平芜尽出是青山，行人更在青山外'用了什么手法？"

"层深法。"这个问题昨天才讲过，还好我记住了。

于是，下一个难题被抛了过来："那你背一下欧阳修的《蝶恋花》。"

"什么？那首词还是上次考前背的，现在哪儿还记得？也不让我看一眼，毫无征兆地让我背。这一定是在为难我！"我心里又开始嘀咕。

"庭院深深深几许，许……"好吧，我背不下去了，只好转向同桌寻求帮助，但根本听不清同桌在说什么啊！还好在老师提醒了一句后，终于乱七八糟地背完了。我长叹一口气，坐了下去。

尾 篇

"好，今天的课就上到这里，接下来的时间想给大家看视频。"全班沸腾。

"记得之前讲唐诗的时候给大家看过《唐之韵》，现在讲宋词……"老师还没讲完，就被大家打断了，"是看《宋之韵》吧？"

"对，大家都猜到了啊。"

"感觉大家自从数学学了类比推理以后都变得好厉害，老师还没说，就都猜到了。"同桌玩笑道。

"是的啊，哈哈哈。"

一段时间后，我看向手表，咦，下课了啊。于是我又转向后桌语文课代表，"老师怎么还不下课，我好想上厕所。"

"你可以从后门出去，老师应该不会说什么。"

"可我还是怕被打，毕竟最近我跟他犯冲，算了，我还是憋着吧。"

哎，老师啊，我保证以后一定认真听你的课，人与人之间为什么要互相"为难"呢？我们还是坚持和平共处吧。

熊孩子，你们确定是来上学的吗

月明微

"明微，站起来！"正在与同学嬉闹的我瞬间被愤怒的吼声惊醒。我立即安静下来，悲催地站了起来，心里暗暗叫苦："天！这才刚上课，老班就来查班，真是出其不意，攻其不备啊！太大意了！"

我抬眼偷偷瞄了一眼窗外的老班，老班的脸都涨红了，看样子是气得不轻，眼里射出锐利的光，刺在我身上。我迅速低下头。

"明微，到后面站着去！"气头上的老班又发话了。

哎呀我的妈呀，太倒霉了！我只好认命地拿着书和笔默默地走到了教室后边。"可恶！"我嘴里嘀咕着，手里的笔在书上画着黑窟窿。

"Hello！你好呀，"坐在我左边的徐小东很兴奋地跟我搭话，"稀客啊，你犯什么事了？"我无奈一笑，说：“扔纸条呗。”他仿佛发现了新大陆似的，两眼放光，说道："你可是好学生啊！哎，好学生的世界差生不懂……"

我直接忽略他的话，朝他的桌子随意地一瞥，发现他的桌上摆着物理作业。

我吃惊地问："你没带政治书吗？"

徐小东不屑地瞟了我一眼，随即从物理作业底下抽出了政治书……

我无奈了，又往右一瞧，嗬！

这两个人！一个旁若无人地玩着手机，另一个自顾自地打着扑克。玩手机也就算了，可为什么一个人玩扑克也能这么开心？

"欸，我猜这是个王，你说呢？"

"肯定不是。"

"欸，真不是。再来，这张是王……还不是，再来……"

"肯定又不是！"

"不信了，我非抽出个王！"

以上是一个"精分者"的自言自语，我目瞪口呆。

江滨感受到了我吃惊的目光，把扑克收了起来，还同情地看了我一眼，然后十分体贴地站起来，把他的凳子让给我："你坐吧。"

我连忙摆手："不用不用，谢谢了，老师会骂的，我可不敢。"

江滨只好坐下来。

这时徐小东把他的物理作业往我面前一伸,指着上面一道习题问我:"明微,这道题怎么做?"

"……滚!"

他可怜巴巴地看着我,撇撇嘴,说道:"你好凶啊。"

老师在黑板上写板书,教室里顿时吵闹起来,老师转身威严地扫视了一圈教室,教室立刻再次安静下来,老师的眼神真吓人!

等我把黑板上的知识点抄完,听到江滨偷偷问我:"你喜欢玩游戏吗?"我谦虚地回答:"还好还好。"

然后就看到江滨以迅雷不及掩耳之势抢下了同桌余义正在玩的手机递给我,笑眯眯地说:"那你玩吧。"而余义没说一句话,十分淡定地在书包里摸摸,摸出了另一部手机。

我瞪大了眼睛,惶恐地把手机还回去,生怕老师看见,说:"你疯了,不怕老师没收吗?"

江滨把手机又丢给余义,一脸无所谓的样子:"收了就收了呗。"

我心里默念,这么无所谓,那可是钱啊!我的手机也只值一百块啊一百块!这种闪亮的大屏智能手机真是亮瞎了我的眼!

我死死盯着他,从牙缝里挤出一句话:"你是欺负老师看不见吧？"我所站的位置是在教室最后边，只有三个同学坐在那里。老师从教室外走过的时候，后门刚好能挡住老师的视线。

江滨仍然笑眯眯的，怎么看都觉得欠踹，说的话更是令人火大："对啊！"

我捂住了脸……

上课已经二十分钟了，对于这三位同学的惊人举止，我已经麻木了，他们上课这么悠闲真的可以吗？！

老班再次从窗外飘过，一声暴喝，又有一位同学倒霉了。

前边的金倩同学十分不情愿地站了起来。我双眼冒光，内心在呐喊："同志啊，组织在这里！"

金倩的同桌韩泊泊见金倩站了起来，往左边挪了挪，接下来的景象令我大跌眼镜。

韩泊泊的桌上放了许多书，前面一堆，右边一堆，跟打仗时作掩护的高墙似的。高墙下是政治书，书与前面高墙的缝隙中插着一部手机，手机上正播着动漫……

我的下巴掉了下来。这时韩泊泊刚好转过头来看了看，我做了个口型问他："好看吗？"

韩泊泊笑得十分得意，还做了个"耶"的手势，做口型说道："好看！"然后再次往右挪了挪，让我能完整地看到手机上播的动漫……

十分钟后，我已经无心吐槽了，但马上又有了新的槽点。

政治老师一边讲课一边走了过来。韩泊泊的手机眼看就要被发现，但他仍然不慌不忙，十分淡定。放在桌子上的右手将政治书的边角轻轻一提，手机瞬间滑到书底下，不见踪影。左手接着撑住了头，两眼盯着老师，好像十分认真的样子。老师看到他在认真听课，还欣慰地笑了一笑。

我震惊了，崩溃了。同学，如此高超的演技你应该去念北影啊！

老师转过身离开，韩泊泊淡定地抽出手机，放好再接着看，好像刚才什么事都没有发生一样，全都是我的错觉……

临近下课，韩泊泊终于将手机收了起来，我以为他总算可以消停一会儿了，谁知他又从书包里拿出了另一部手机，手指在上面飞快地按着。我惊呆了，然后转头跟江滨说："你看，韩泊泊也有两部手机耶，真土豪！"

江滨疑惑地看看我，用一种不相信的口气问："你难道不知道他有三部手机吗？"

……

下课铃声响起，老师收拾好书走出了教室。我内心波涛滚滚，被打击得完全说不出话来，这些熊孩子怎么可以这么舒坦？你们确定是来上学的？

徐小东在后面不舍地喊道："下次常来玩儿呀！"我回头表情僵硬地一笑，直挺挺地走回了座位。

都说学霸的世界学渣不懂，学渣的世界学霸更是摸不透啊！

爱是年少时跑过的一场马拉松

鹿 眠

1

我裹着厚厚的羽绒服走在还不太熟悉的街道上，寒风凛冽。我现在所在的Z市坐落在我国北方，这座城市的冬天全然没有南方的城市那般温柔。街道边树上光秃秃的枝丫，像是被遗弃的孩子，可怜巴巴地把手伸向天空。

我高二时，随着父母生意的调整从南方一所小城市转到了北方的Z市，新的环境新的生活跟之前相比的确好了很多，可我总会在深夜里望着这座城市上空被霓虹灯照得发亮的天空觉得很难过。

Z市有家很别致的书店，店名叫"马拉松"，我喜欢穿梭在里面木质的书架中，总觉得这样的自己就像一条鱼，漫无目的却又可以无比坚定地前进。

我在书架的一角看到了黄色的熟悉的封面，以及封面上龙飞凤舞的几个漂亮大字——《盗墓笔记》。

我轻轻抱住书，不禁笑起来。我记得在高一那年曾遇到过一个很特别的女孩儿，她理科很烂，总是喜欢在物理课上偷偷看课外书，她不喜欢言情不喜欢青春文学，倒是对武侠玄幻入迷。在大多数女生拜倒在郭敬明、韩寒的牛仔裤下时，她一个人加入南派三叔《盗墓笔记》的阵营。

我很幸运，像大多数小说里情节发展的那样，男女主角成为前后桌——我成了她的后桌。某天上物理课，我发现她又在低头看《盗墓笔记》，我悄悄探个头过去。让我没想到的是，由于我的一句"你在看盗笔啊"被讲台上的物理老师听见，她心爱的《盗墓笔记》就被没收了。

放学趁她在收拾东西我上前百般讨好，可她还是无动于衷。她收拾好东西自顾自地走出教室，走到门口处回头看了看我。我那时皱着眉头，一脸郁闷，她估计是看我的表情觉得搞笑，突然间就浅浅地笑起来，那笑容像新升的月牙儿一样，带着青春女生特有的明媚和无瑕，算不上什么倾国倾城，却也足够让我铭记于心，经年难忘。

2

很久之前，我在书上看过这样一句话：当你喜欢一个人的时候，你就想把所有你喜欢的东西全部都给她。我是一个很喜欢吃粽子的人，糯米的绵软似乎可以把所有忧伤都包裹在里面。

　　我曾经买过一堆粽子送给那个女孩儿，可她气呼呼地告诉我她看《盗墓笔记》的后遗症就是再也不敢吃粽子。我笑着逗她，说我就是专门来帮你克服恐惧的呀！她瞪着我，细碎的阳光透过叶缝落在她身上，把她衬得像个发光的小精灵。

　　我不知道那条林荫道变得怎样了，阳光是不是还会透过叶缝儿恰好落在某个女孩儿身上，恰好又被一个少年看到。

　　最后她还是没有收我的粽子，我一个人默默吃掉了所有粽子，最后她还是转身同我分道扬镳。我在她反方向的路上回头，看她马尾在身后一晃一晃的，像是要极力撇清什么一样。

　　我偷偷咬了一口粽子，冷冰冰的一点儿都不好吃，那该死的糯米粘着我的喉咙，怎么咽也咽不下。

3

　　我不温不火地就这样过了大半个学期，直到有一天，我妈跟我说，由于她和我爸的生意关系，下学期我们要举家搬到北方的Z市。我妈说尽了Z市的各种好，我听着她的话，仿佛已经看到了那个城市的车水马龙。

那个晚上我坐在床上听歌，心烦意乱时脑子突然闯进一个可怕的想法——我要表白，我要让她知道我的喜欢。

青春能有多长啊，我们能遇到多少个心动的人。所以总该为他们勇敢一次。

就是那时，我开始计划一场表白，和一场离别。

我从来都不是一个喜欢黑夜的人，我甚至偏执地喜欢夜里璀璨或阑珊的灯火。

我唯一喜欢的一个夜晚，是那个学期期末考前的一个突然停电的晚上。

其实上帝是很公平的，他没有让我陪那个女孩儿走到散场，却给了个机会让我表达内心所想。

灯突然熄灭，整个校园被裹进黑夜之中，唯有夏日皎洁的月亮还执着地发光。所有学生开始尖叫、狂欢。老师们应该是想让同学们考前放松一下，所以都不怎么管。同班十几个男生在后排围成一团玩游戏，很不巧，第一轮我就输了，惩罚是扮鬼脸吓唬班里一位女生。

我接过一哥们儿递过来的手电筒，情不自禁地走到了她的座位旁边。她正在位置上发呆，黑发似乎和黑夜融为一体，只有头绳上淡绿色的蝴蝶结还在一片黑暗中翩翩起舞。

我喊她的名字，她回过神儿来，抬起头看了看我，不耐烦地问了句："干啥？"我深吸一口气，把脸往前凑了凑,郑重、严肃地道出那四个字:"我喜欢你!"

她一挑眉,说:"玩游戏又输啦?怎么还玩那么老套的惩罚,你们真是无聊透了。"我愣了愣,似乎是没想到她会是这种反应,心想反正就当演戏演到底好了,"好吧,那你至少让我把台词说完啊,我下学期要转学了,转到北方的Z市,好远啊,可能以后很难见面了……"我顿了顿,又往前凑了凑,"你会想我吗?"

"我就算是把盗笔里出现的怪物都想一遍也不会想你的。"

我笑笑,独特、干脆利落,不愧是我喜欢的女孩儿。

她话音刚落,我就立马打开手电顶在下巴上,把舌头吐得长长的做了个鬼脸。

她不出意外地"啊"了一声,后排的哥们儿哈哈大笑起来,我无奈地冲她笑笑。她瞪了我一眼,或许她是生气我这么吓唬她还装无奈地笑吧。但我是真的无奈啊,我没有办法真正地告诉她我喜欢她,我没有办法陪她走完高中,我没有办法陪她到很远很远的未来……

可是,这些,她都不知道。

4

我在期末考之前一个人借着生病的理由偷偷溜到书店,买了一本她上物理课时偷看而被老师没收的《盗墓笔记》。我拿着书,眼前仿佛出现她那天和物理老师大眼瞪小眼的古怪样子。我抿嘴一笑,这应该是我能给她的最好的纪念。

寒假踏着北风呼啸而来。放寒假的第一天,我回学校办理转学手续。借着想回教室再看看的名义,我成功地拿到班主任手里的教室钥匙。咔嚓一声,我推开教室门,里面的课桌整整齐齐,大家都放假回家了所以里面没有人。我径直走到她的座位旁,她坐在靠窗的位置,大大的落地窗外就是一排常青树。我把《盗墓笔记》放在她的桌肚里,冬日里北风肆虐,窗外的常青树还执着地抓住这一抹绿不肯放手。

我在她的位置上坐下来,看着摇摆不定的常青树和安静的落地窗,突然觉得它们有点儿孤单。

5

我转学了,家也搬到了北方的Z市,每次走在街道上,望着两旁光秃秃的枝丫,我都会格外想念教室里她的座位旁、落地窗外的常青树。

6

我喜欢的女孩儿,她偶尔会在杂志上发表文章,某天我很随意地翻一本杂志，结果却意外地在杂志上看到了署名是她笔名的一篇文章。

我很喜欢她在里面写的一段话。

她说，爱是一场年少时跑过的马拉松，要痛苦而执着地坚持才能到达终点。我们在奔向一直渴望的终点的璀璨光影时，也不要忽视沿途的繁花似锦。时光善良地让我们相遇却残忍地让我们来不及告别，而我们唯一能做的，就是用整颗心来跑这场马拉松，用整颗心去热爱生活，去热爱未来……

很久很久的后来，我才想明白她那番话的意思。其实她说得很对，爱是年少时跑过的一场马拉松，也只有痛苦而执着的坚持才能完成它。一直困在过去的人怎么能跑完这场马拉松呢？

所以，我将带着我的执着、我的坚持、我年少时对她的喜欢，一起走进日光，走进春暖花开的未来。

爱小博的同学都很萌

骆 阳

校门口,一个高大威猛的门卫在检查出校同学的走读证。

我一拍大腿,坏了,今儿个出去要出示走读证。作为一个品学兼优的住宿生,哪儿来的那玩意儿,只能是混过去。对策我都想好了,他要是把我拦下来,我就指着天对他说"有飞机",然后快速闪人。不过这是下下策,如果真的这样做,一会儿能不能进来都难说。

我整理了下发型又弄了弄拉链,一脸酷相地走过去。我要拼命装出一副有走读证的样子,或者说我要拼命装出一副老师的样子。

……

"妈呀!我出来了!"我在心里疯狂地叫喊。看来我的演技还是蛮强的,或者说幸好我剃须刀没电了早上没刮我那积攒了好几个礼拜的胡子。

我一头扎进公交车,给同桌打了个电话。"同桌,我出来了。你说我咋就那么厉害没被拦下来呢?你说你咋就那么点背每次往外溜都被拦下来呢?"我举着电话傻笑,根本没发现同桌早就挂掉电话。

到了市里,办好事情,我就马不停蹄往公交站点赶。作为一个品学兼优的住宿生,我怎么会在外边逗留呢。

走着走着,接到同桌的电话。"同桌啊,你摊上事儿了,摊上大事儿了,刚才我看到门卫把大门关上了。"同桌一声声奸笑,分明是在报仇。

我心一惊,坏菜了,一会儿回去门卫肯定要给我定个无证外出的罪然后上报政教处。妥了,又得给通报批评了。就算这样,我还是倔强地说:"要你瞎操心!"

挂掉电话,我看到一个阿姨站在一个即将停业的报刊亭前兜售杂志。我走上前一看,都是旧杂志,过期的那种。这种地方很有可能会出现我所怀念的小本小博,于是我问:"阿姨,有《中学生博览》吗?"

阿姨特别热情地说:"小伙子啊,有倒是有,不过都是很久很久以前的小本的。"

正合我意!

为了跟阿姨砍价,我控制住自己激动的心情,高冷地说:"都拿出来,我看看。"

阿姨一边卖着糖葫芦一边帮我找小博,十来分钟后,一小堆积满了灰尘的小博出现在了我的眼前。虽然这些小博浑身脏兮兮，但是在我眼中它们依然浑身闪着光。随便拿了本一看，竟然是2003年的，那时候我还是一个站在街边淌着大鼻涕舔糖葫芦的小朋友呢。翻到目录，我看到了亮叔、怡明姐和付洋姐等编辑的名字。我想，那时候亮叔还是亮哥吧，怡明姐和付洋姐都还是水灵灵的花姑娘吧。一抹邪笑之后，我指着小博霸气地说："阿姨，这些我全要了！"我就差没说"阿姨，我要让你知道，这些小博被我承包了"。

　　阿姨是商界难得的好人，实实在在地说："小伙子，你要那么多过期的杂志干什么？"

　　我微笑着说："看着它长大的，就当回忆回忆过去了。"

　　阿姨顿时露出赞许的目光，说："这小伙子可真好，真重感情。"

　　听阿姨这么一说，我不好意思了，吞吞吐吐地说："没……哪里啦……"

　　"就不要谦虚了，这小伙子真好。"阿姨说。

　　我恍然意识到，刚才我又承包又回忆过去的实在太激进，阿姨肯定看出了我对于这些杂志的热爱之情、看出了我的高冷都是装出来的，那么接下来她很可能会疯狂地要价。

　　我忐忑地问："阿姨，这些一共多少钱？"

阿姨说:"一本八毛,十九本,一共收你十六。"

其实价格还算比较合理的,不过我还是说:"阿姨,有些贵哦,十一吧,我这里刚好有十一块零钱,学生嘛,体谅下,下次还会再来的……"

阿姨有些为难地说道:"小伙子,这已经够便宜了,实在是不能再降了。"

我又在脸上挤出几丝笑容,说:"哎呀,就这么定啦。我这里还有刚刚邮局找的八毛,都给你了!"我在兜里掏出一把硬币直接塞到阿姨的兜里。

阿姨无奈地笑了笑,说:"可真是拿你没办法。"说完,阿姨拿了一个黄色的塑料袋帮我把小博装了进去。

我付了钱,道了谢,然后转身离去,不带走一片云彩,只带走了十九本小博。

初冬的风凛冽地吹着,太阳的光芒却依旧明朗。我用刚刚砍下来的五块钱买了一杯奶茶,一边喝着一边拎着一袋子小博在小城的街道上行走。此时此刻,我知道,我拎着的不仅仅是杂志,还是一段段已经逝去了的光阴。

妈呀——

不好了,要迟到了,不能等公交车了,我忍痛拦下了一辆出租车。

由于今天超出预算太多,所以午餐也只能喝一杯奶茶了。

出租车就是快,不一会儿就到了学校。

我问:"多少钱?"

司机大叔不知廉耻地说:"十五。"

我说:"你可拉倒吧!你都没打表,我没打12315告你就不错了。就十块爱要不要。"

我下了出租车,倔强地往大门口走。

司机在我身后大喊:"小伙子,你等等!"

那老家伙一定是让我回去再给他五块钱,我是不会回去的,哈哈哈……算他今天倒霉,遇上了我。我是谁?我可是砍价界的小明星骆阳,我为砍价而生!

走到学校的自动门前,自动门是关着的,看来同桌没戏弄本王。这下可麻烦了。刚刚砍价砍出来的优越感也让可能被政教处痛扁的焦虑感毫不留情地赶跑。

但令我没想到的是,自动门过了几秒后"唰"的一下打开了。我就想,你别看我长这造型,还挺受这门的尊重。

但事实证明我想多了,因为我看到一个老师缓慢地走进学校。好吧,原来是门卫给老师开的门啊!

话说回来,我就这么混进去会不会被发现?

一步……两步……三步……门卫压根没管我。

我真是帅,太帅了,帅得门卫都不拦我了!

自动门"唰"的一声关闭。

我没事了!我没事了!虚惊一场!

然后我在明晃晃的阳光下看了一眼我的双手……

咦?等等!我的小博呢?

学霸与学渣

成群飘

生物老师说起这件事的时候,我正在以一目十行的速度翻看着生物课本,想要在考前最后一天再抱一抱佛祖的脚指头。

据说一班有个女学霸,上学期期末考试时睡过头,等赶到考场,物理科考试已经开始了半个小时。

监考老师严肃地对她说,你被取消考试资格了,等下一科再来吧。该学霸揉揉眼睛,打了个哈欠,迷迷糊糊说了一个字"哦",转身就走。

说到这里我就忍不住插嘴了,要是我,当时估计就泪眼汪汪地死死拽住监考老师的衣袖想死皮赖脸地进考场了,大题肯定是做不完的,但好歹把选择题做了还能蒙对几道啊!

话说,该女学霸潇洒离开考场的消息一经传开,一些认识她的学生都等着看她的笑话。

几天后成绩一贴出来,众人都傻眼了,因为她仅以一分之差挥手A班进了B班。

就连此刻我们老师说起这件事,也是带着欣赏的语气的,"不简单啊,一百分的物理没考,总分还是比全考的学生高,啧,你们多学着点儿。"

唉。我幽幽地叹了口气,学霸就是任性啊!

同桌接茬儿,学渣只能认命!

然后我们默契地对视一眼,说出横批,"同是天涯沦落人,相煎何太急!"

我得了一种病,一到考试就发作,它的名字叫作考前综合征。

考前几天,人人都在忙着复习,我也在忙。

我对着一堆衣服发愁,寻思着考试那几天穿什么好。

真是愁死个人哟!

另外,这几天指甲是不能剪的,不吉利。

头发也是不能理的,不吉利。

第二天一大早醒来刷牙洗脸,梳头穿衣,搞定一切后简直可以直接推下河去给河神当媳妇儿了。

我在这个时候比那些整日到处求神拜佛的大妈大婶们还要迷信。

我一直以为只有我有这种病,后来我强大的亲友团用实际行动告诉我，我不是一个人在战斗。

　　学渣A考前一个月就在宿舍里挂起了柯南，每天早晨醒来先拜一拜再去刷牙洗脸，每晚的晚自习后回到宿舍也要先拜一拜才能安然入睡。

　　后来他改挂科比，柯南也就被撤下去了。

　　学渣B家里是帮人看风水的，每次考前拿到准考证后，他都会想方设法弄到前后左右桌的考生的生辰八字，回家请他爸占上一卦，看看有没有生肖相克的，有的话要怎么化解啊？

　　有一次我刚好坐他后桌，眼睁睁看着他脖子上挂着一串大蒜，使劲和监考老师解释那不是作弊工具。

　　好歹进了考场，我刚想找他说说话，他"唰"地掏出一微型挂件正对着我，说："我昨儿算过了，我们命里犯冲，你还是离我远点儿吧，珍爱生命！"

　　我真是醉了！

　　学渣C逢考必去庙里拜孔子、拜文曲星。

　　每次考前我们必有一次这样的对话："呀，你去求姻缘啦？"

　　"没有啊，我拜的孔子，期末保不挂！"

　　"哦，那你姻缘求得如何啊？"

　　"哈哈哈，据说明年要走桃花运！小爷我终于要脱单了！"

　　然而话虽如此，每次考完成绩一贴出来，该是多少分还是多少分，学霸还是那个学霸，学渣也还是那个学渣，没有丝毫改变。

我的心瞬间碎得跟被人咀嚼过的饺子馅似的。

我本来想自我嘲讽兼调侃一下学霸们的，但后来一想，这些都是可以用关联词"因为"和"所以"连接起来的啊！

我们在打诨疯玩的时候，学霸们在刷题；我们流连于各色课外活动的时候，学霸们在刷题；就连我们在梦中终于当上学霸可以感受一下秒刷一道题的快感的时候，学霸们在现实世界中仍然在刷题。

想要什么样的结果都必先要有一番努力呀。

而且，当我们对学霸羡慕嫉妒恨的时候，说不定学霸们也在羡慕着我们这群海那边的小学渣。

在课堂上，老师使了个眼神儿，当学霸还一头雾水的时候，学渣们因为平时经常和老师交心，此刻已经领会"第一排的同学把风扇开一下吧，老师觉得很热"的意思。

在期末领家庭报告书的时候，学霸们都是清一色的"该生成绩优异，各方面都很优秀"，而对于我们，老师有更多的话可以说，即使不全是好话。

有一次开班会老班就说了，有些同学的行为有时候让我感觉心里暖暖的，虽然他们的成绩并不是有多高，并不能够为我创业绩，但是他们特别可爱，就像是我的弟弟妹妹一样。有幸能当你们的老师,我很高兴。

所以嘛,我觉得,学霸与学渣都是不可缺少的存在,而且他们同样可以任性可以闪闪发光惹人爱。

钝 感 小 姐

千小千的甲小甲

痴汉千

1

千小千的教室长得像贫民窟,吵得像难民所。

忽地,全班安静下来,大家你看我、我看你,再望望后门——没有老师,突然又爆笑起来,继续肆无忌惮地说话。

千小千咬紧牙关思考着数学练习册拓展提升最后一道勾股题,无奈同学实在是太吵了。常言道,忍无可忍,无须再忍。作为班长的千小千拎着厚厚的练习册走到讲台上重重一拍,发出了千小千自己都忍受不了的响声,课室又瞬间安静下来,齐刷刷地看向千小千。千小千觉得自己此刻应该说些什么,便吼了几句:"吵什么吵?不知道有个东西叫传纸条吗？还有换座位的同学，快坐回去！"

千小千开始点名，同学们愣了愣。末了，一位同学说："甲小甲也换座位了，你怎么不说他？"

班里嘘声一片，接着便开始各种起哄。

千小千忍不住笑了出来，她本就是笑点不怎么正常的姑娘，开心时会笑，发呆时会笑，害羞时会笑，无聊时也笑笑。

班里传甲小甲喜欢千小千的谣言也不是一天两天的事了，事情该从一年前说起。可明明他们俩关系不密切也不亲近，何来喜欢之说？所以，他们总是默契地无视旁人说的话。

这所学校里，成绩是王道，班里的学号是按入学成绩排的，甲小甲是一号，千小千是四号。奇怪的是，刚开学时一号甲小甲的成绩似乎不是很出彩，第二年才开始步步攀高，特别是数学，考试几乎全是满分，就这么硬生生地把千小千挤出了前三名。除了数学，其他的千小千从来不服他。

下课铃响了，同学们大都一窝蜂地挤出去吃消夜，教室剩下寥寥几人。

千小千仍然没有解题思路，只好去问甲小甲。甲小甲挑眉，嘚瑟地说："唉，真是笨！"千小千为了答案也是忍了，一边听着甲小甲的解析一边思考，恍然大悟：原来这样也可以！

也许是为了前后照应吧，甲小甲讲解后还补了一句："笨得跟猪一样！"

"嗬，你除了会做题还会干什么？"千小千送了个大大的白眼给他。

"我还会玩三国杀，怎么样，服不服？"

千小千哑口无言，她承认这是她第二次服了他。

2

谣言传多了也会让人信以为真，尽管千小千理智地一个劲儿告诉自己，那不是真的，但潜意识却不受控制。偶尔，千小千会对甲小甲小小地凶一下，会无理取闹，会我行我素，却不知道这是什么原因，事后才发觉，其实自己不应该那么对他的，他又不是自己的谁，没有理由受自己的气。

上一年，曾经有一个人在QQ特别关注了千小千，几乎就是一瞬间，千小千想到了甲小甲。心里痒痒的，很好奇是不是他，于是作死地删了甲小甲，再返回看特别关注那一栏：0人。千小千的心里不知是什么滋味，像是同时吃下了最爱的德芙和水果软糖，不难吃却怪怪的。

后来，甲小甲加回了千小千，问为什么删了他，千小千只好说是手滑，甲小甲立马回了一个擦汗的表情，说再删就不做朋友了,千小千没好气地说好啦好啦知道啦。

渐渐地,千小千注意起了甲小甲,每次出了成绩表就立马去搜寻他的名字,看他有没有换新鞋,无聊时猜他今天喝的牛奶是金典还是特仑苏……

渐渐地,千小千会缠着他,让他陪她玩三国杀,哪怕他的技术神得会飞,没输过一次,哪怕她的技术烂得掉渣,没赢过几次,却也还是在假期天天打开会话窗口刷屏。每当甲小甲受不了时就会陪她玩几局。

记得世界杯千小千第一次通宵的时候,她陪甲小甲全程盯着电视里阿根廷队一个个跑动的蓝白身影,把眼珠子都快要盯出来了。千小千买了阿根廷的足球队服,爱上了梅西,单曲循环主题曲。在进球的那一刻欢呼,在总决赛与冠军失之交臂时失落,不知是因为甲小甲还是因为梅西。

千小千的姐姐发现了千小千跟甲小甲的聊天记录,当着家长的面,教育千小千作为女孩子,要矜持一点儿,别跟男生来往过密,要把早恋扼杀在摇篮里。千小千不得已又删了甲小甲。

后来千小千去翻甲小甲的空间,一直翻到了半年前。

他在"说说"里写道:"终于看完了《从你的全世界路过》。"明明是我先带头在班里看张嘉佳的书的,是为我看的吗,千小千自恋地想。

他说:"噗,白公子。"是我以前的ID,原来你一直都有关注我的吗,疏忽啊空间没装防盗网,千小千厚颜地想。

他还说:"南有乔木,不可休思。"这是《汉广》的句子,讲的是单相思,难道你就喜欢我如此深沉?千小千不要节操地想,当即评论:"汉有游女,不可求思。"

千小千一边看一边被自己作死的想法逗笑了,却在胡思乱想中豁然开朗,甲小甲又不帅,为什么自己总是缠着他?明明会做那些数学题,为什么总得装傻去问答案?

都是因为年少时那羞于启齿的感情啊。

那欢喜的心情就是,哪怕只是要吃着苹果从他面前经过,也要挑最大最红的苹果。哪怕只是他在黑板上写的答案与自己草稿纸上写的差不多,内心也会小小地窃喜。

千小千陷入了纠结,该不该表白这场心事呢?想摊开来讲,可理性的头脑告诉她现在不是谈情说爱的时候,而应执笔奋斗啊。

3

日子就平平淡淡地安然无恙着,转眼到了期末,全级里五总科甲小甲第四,千小千第十,九总科甲小甲第十五,千小千第九,分别比对方高出六个名次。

散学典礼那天,比千小千高出一个头的甲小甲俯视着她,带点儿玩味的轻蔑,问:"服不服?"

千小千不得不仰视着他:"不服!还有,这样看你有双下巴,哈哈哈!"

"总有一天会服的。"

"呵呵,不可能。"

"光说有用?"

这激将法用得妙啊,是啊,光说没用,千小千怀着决不能让甲小甲看扁的满腔热情,捧着一颗鲜活滚烫的热爱学习(混乱不堪)之心,去书店买了大堆教辅资料,发誓定要在寒假把会的不会的全都学一遍。

千小千曾发过很多次毒誓,她说过要在大冬天六点钟起床准时准点去晨跑一千米决不赖床,说过遇到小强时勇敢地脱鞋拍死,说过一小时内完成语数英作业决不碰电脑刷动态,结果却总是懒癌病情恶化到晚期,这些事都不了了之。

然而这次,按照剧情发展,千小千应该是学霸上身,在寒假开启刷题模式每晚奋战到两点半,但是,她没有,因为她一整个寒假都在跟甲小甲玩三国杀!

一天,甲小甲给千小千发消息说不想玩了,千小千急了,明明想发的是"你到底玩不玩",却写成了"你到底喜不喜欢我",这下就更急了,她迫切地想知道答案。最后对方发来三个字:"不喜欢。"千小千瞬间像瘪了气的球,又慌慌张张地发送了好几条"我们是不是好战友?"诸如此类的话,来掩饰某句真心话的意思。正在心绪如海浪翻滚的千小千张皇失措之际，甲小甲又说："我现在不想谈恋爱。"千小千嘴硬道："谈什么谈，你想太多了，我乱说的。"

那晚，千小千又按捺不住了，难道他就真的不懂？难道他就真的相信是乱说的？于是又发："你是猪吗？"对方秒回："不是啊，为什么这么说？""你确定你不是猪吗？""你才是猪我不是猪。""不不不，你是你是，别谦虚。"

接着，千小千和甲小甲围绕着"猪"这种毫无营养的话题说了将近一个小时。

唉，你是猪吗，人家都说得这么露骨这么直白了；你是猪吗，人家天天为了跟你聊天都去找度娘搜话题了；你是猪吗，你被谁特别关注那一栏多了个人你不知道吗？

4

青春文里叙写的青涩恋情大都以失败告终，现实也是，当初的海誓山盟转为多年成熟后的陌路一笑，最终花开两岸，天各一方。

千小千突然有些惧怕了，会不会有一天忘记了甲小甲，忘记了藏在数学练习册里的小情愫了？

所以，她开始为了一点儿鸡毛蒜皮的事情与甲小甲怄气，愈加无理取闹，但是只是想引起他更多的注意。

事情是上个星期发生的,千小千因为学校安排需要找个人代替她带早读五个星期。她跟甲小甲好说歹说,可甲小甲就是死活不同意。找别人也不是不行,但千小千就是缺心眼地只想找甲小甲。无奈之下千小千只好走出教室,出去干吗?挤眼泪!半小时后,带着闪闪泪花的千小千低着头径直走回教室,一言不发地伏在桌子上写作业。甲小甲经过其死党的劝说之后,踌躇着走到千小千旁,支支吾吾地说:"那个,我……我带读就我带读喽!"千小千抬起头看了他一眼,决定无视他继续写作业。"哎呀,给我带读啦,我很喜欢带读的,我是新世纪小雷锋啊,姐姐你看我给你卖萌啊!"千小千本来还想装装高冷的,却"扑哧"笑出声了。"喔,笑了就是答应了!"千小千伸出五根手指:"那你欠我五十局三国杀!""成交。"

千小千问甲小甲:"你能考到年级第一吗?"甲小甲说:"能吧。"

如果甲小甲能努力到第一,那么千小千就一定能尽力到第二。

既然终将忘记你,那么请至少让我为你变得更美好,能在某个午后想起,哦,原来一切都是因为某个少年,因为你是我一定会兑现的誓言。

写到这里时,千小千痴痴地笑了起来。

5

千小千是痴汉千,甲小甲曾经是路人甲。

不管你是路人甲还是炮灰乙,是酱油丙还是龙套丁,总之,你看到这文章时还不知道你就是甲小甲,还不知道有个痴情的人一直喜欢你,那别解释了,你是猪吗?

倒霉是一种什么体验

二　笨

我伏在奶茶店的桌子边大口喘息,觉得自己一定是出门没看皇历。

本想出来买个饭,走着走着突然听见有人大声嚷嚷。正纳闷,那个声源就已经移动到了我的右手边。我站在人行道上,隔着停在路边的两辆轿车,只见一个身着橙色T恤大腹便便的中年男子正在马路中间骂骂咧咧。

"你撞死我啊!你有本事撞死我啊!我告诉你我……"

大抵是流动的人群中一个静止的我实在太过显眼,该男子的目光"唰"地一下从远处挪到我身上。我一个激灵,条件反射地拔腿就跑。跑开两步回头望。妈呀,他真的追过来了!

于是在我崴脚两次、跑断一根凉鞋带后,终于安全地冲进了这家奶茶店。

"明显不是什么好人你居然还敢看他？"店主姐姐递给我一杯热奶茶。

我刚想反驳这只是意外，自己已经不是小孩子了，又突然想起年初和颐酒店的事件和网上那句"携程旅游，说拖走就拖走"。于是，"光天化日怕什么"在嘴边绕了几圈又咽了回去。

次日我去火车站取回家的车票，不知怎的，用得好好的学生证突然变成了黑户。

车站的主任摇头道："这不是我们的问题，你必须让学校给你重新注册信息。"我立马走出去给学校打电话，打了几次都只有令人心烦意乱的忙音。于是我又打给娘亲大人，电话接通我刚要开口，不知谁在背后猛地推了我一把，我一个趔趄手机顺势飞出去好远，随后便有人拖着行李箱像看不到地上的手机一般险些直接碾压过去。我连忙冲上去捡，又被那个人狠狠地瞪了一眼。我下意识地说："对不起，对不起……"然后僵住。

推我的那个人呢？

我回头。只有熙熙攘攘的人流。

谁来跟我说对不起？！

旁边有人在抽烟，劣质的烟味呛得我几乎想要流泪。那一瞬间，我很想冲上去向他大喊。

你看，原来恶意会传染。

地铁站口有个夜宵店。我来时前面已经排着两三个人了，一句"我要烤冷面"还没喊完，老板就从店里冲出来一把拉住我，把我按到门口的椅子上，丢下一句"烤肠交给你了"，便风风火火地冲回店里去烙饼。

北京的治安已经好到这种地步了吗？老板你真的不怕我带着钱和烤肠跑掉吗？而且我很饿啊，我都倒霉一天了，我只想好好吃顿烤冷面。

我张了张嘴："好的老板！放心交给我吧老板！"

"小姑娘你这烤肠的技术不熟练啊……"

因为我早你一分钟刚被赶鸭子上架。

"要瓶绿茶。"

我一脸蒙地接过钱："老板，绿茶在哪儿啊？"

"自己找！"

我和顾客同学大眼瞪小眼，而后我愤怒地一拍桌子，开始寻找冰柜。

就欺负我脾气好！哼！

大概是我脸上的表情太丰富，顾客同学憋不住笑了，说："你这人真有意思。"

我尴尬地挠挠头，递过饮料，突然觉得心情似乎没那么糟糕了。

世界上有很多坏人吗？是啊，至少我还可以让自己做个好人。

超人是我的老师

龙 蛋

晚上和朋友逛街的时候，在商场的转角见到了初三时的班主任和他的女儿。我惊喜地叫："老师！"然后就说不出话了。班主任亦惊喜地叫我："阿丹！"然后蹲下来温柔地对他粉嫩粉嫩的女儿说，"叫姐姐。"两三岁的小女孩儿怕生，一直往班主任的怀里钻又偷偷地用眼角瞄我。正在我有点儿尴尬，笑着不知道应该怎样开口的时候，远处的朋友叫了我一声，我像抓住了救命稻草一样弯腰摸了一下小女孩儿的头，对班主任说："老师，我朋友叫我，先走了！拜拜！"然后像风一样伴着班主任那一声"拜拜"跑远了。好像避"瘟神"一样地跑了，可班主任不是"瘟神"，他是"超人"，是我们很多人最喜欢又尊敬的一位老师。

"超人"这个外号是我起的。因为从初三开学的第一天开始,"超人"每天都是最早来教室给我们开门,也是整个年级下自修后最迟回家的班主任。"超人"从来不是我们下了自修就即刻回家,他还要去宿舍清点人数。宿舍灯关后,他还要来回在男女生宿舍来回检查几次。他检查不是叫我们开门,而是无声无息地站在宿舍的门口,如果听到宿舍里面有一点儿吵闹声,他的声音就会出现,吓得我们连呼吸都能停止。

"超人"一般会说:"都12点了你们不睡觉还在干什么啊?有什么吃的分点儿给我!明天上课我要是见到谁睡觉就一棍子打过去!都给我快睡觉……""超人"每天如此,风雨不改。精力多到好像用不完一样,和任何人说话都是用吼的,好像要撕裂什么。他回家要开二十五分钟的摩托车,我们都觉得他好像是不睡觉的。而且超人改试卷的速度超快,我们刚开学的第一个晚上开考"超人"教的政治,第二天早上我们来到教室就见到桌面上放着已经批改好的试卷,而且还有一两句评语!吓得我们整班人都不好了。诸如此类的事,"超人"做得不计其数,我们都开始觉得用"超人"一词来形容他已经不够犀利了!

"超人"做什么事都喜欢亲力亲为。记得校庆的时候学校要求每班唱一首歌。"超人"不像其他班那样让文娱委员操办,而是自己选歌自己教我们唱。还一个音节一个音节地教,不厌其烦地纠正我们的发音。等我们唱熟练了,他就让我们课间的时候站在操场空旷的地方大声唱,完全不理会其他人的眼光。刚开始很多人不愿意出声的，后来却都被"超人"那嘶哑的呐喊感染跟着大声唱起来。事后隔壁班的同学说他们都被我们的强大震撼到了，所以我们班拿第一名是当之无愧的，奖品虽然只有一张奖状，但每当在教室见到它，我们都会有一种热血涌上心头的感觉。

　　在我们看来，"超人"还是一位免费且厉害的修理工。不论是班里还是宿舍，灯管、风扇坏了都是他买新的回来自己装，不像我以前的班级那样需要找人来修。而且经"超人"修理后，灯管的亮度和风扇的风力都比之前的要好。记得有次我们宿舍的厕所堵了，在"超人"检查宿舍的时候，我们把这件事反映给了他，"超人"二话不说去舍管那里借了通厕的东西来。他让我打着手电筒帮忙照明，自己戴着手套拿着工具半跪在地上就开始通厕所。那时我感觉他真的像超人一样是无所不能的，不对，应该是比超人还厉害。

　　不知道是谁把"超人"成功为我们宿舍通厕所的事迹传出去的，每次我们去饭堂吃饭都会有认识的或不认识的人向我们称赞"超人"的犀利，说真羡慕我们，还说如果她们也在我们班就好了。搞得我们都挺不好意思的。嘴上说着没什么啦，心里却是美滋滋的。因为沾着"超人"的光我们也被很多的人记住了，直到高中毕业走在街上还时不时被人认出，"哎，你不是'超人'那个班的吗？"

对我们的学习，"超人"更是上心。每次考试成绩出来"超人"都会打印好几份表，有与上一次考试相比的，有与隔壁班相比的，有个人进步退步的，有每科平均分的……"超人"是个公平公正的班主任，不会因为谁成绩好就对谁更好一些，如果他是这样的人，那他就不用每次考试完用一个多小时的时间来给我们分析差错原因了，直接表扬成绩好的就行了。就连学校挑人参加中考的重点培训，"超人"也不让，他说大家一起学习才公平，有公平才会有动力，要是有区别对待，也会拉下总成绩的。结果，我们班考上高中的人数是最多的，平均成绩是最好的。听回学校拿通知书的同学说，"超人"被评为年级优秀班主任了，还是年级唯一的一个。照片被贴在光荣榜上，戴着眼镜的眼睛依旧瞪得大大的，嘴角微微上扬。可我没有勇气去看，现在想来自己好像还真是没什么胆量啊，考砸了不好意思回去。

中考的体育训练很是辛苦，每天下午上完课我们都要训练一个小时，跑步、扔实心球、压腿、俯卧撑、仰卧起坐……每次"超人"都是陪我们一起的，还不停地做手势大喊"加油，坚持"。要是有谁不舒服了，"超人"就是半个医生，严重的话"超人"会直接给送医院去的。超人的办公桌上有个大药箱，里面什么口服药啊、冲剂啊、消毒水啊、跌打酒啊、棉签啊、绷带啊等等五花八门，都是为我们准备的。

很多时候，训练完后我和前桌都不吃饭也不吃零食，不知怎的"超人"注意到了，一次训练后，他特意叫我和前桌去吃饭，"超人"说："以后你们不吃饭的话我就要盯着你们吃完！"让我们瞬间明白是怎么回事了。"超人"真的很关注每一个人啊，估计班里有人打个喷嚏他也能知道是谁吧。

离中考还有一个月的时候，"超人"把每一个人轮流叫去办公室谈话，用了三个晚自习的时间。或许有人会想也不知道有什么好说的，真是浪费时间。可一个老师能做到像对自己的孩子一样对他的学生关爱有加，那是一件多么暖心的事啊。我至今都还记得超人对我说的话，他说："阿丹，你是个敏感的女孩子。以后读高中了活泼开朗一点儿会有更多人喜欢哟。还有，要好好吃饭，不然身体会受不住的，我相信你可以做到的！对吗？我们来拉钩儿！""超人"的手指很温暖，他的心一定更加温暖。

想起拍毕业照的那天，有个同学因为生病不能来，"超人"就不让我们拍了，一直等到那个同学病好了，我们人齐了才给我们拍的。他拿着单反相机说："阿丹，你要多笑啊，你笑起来更加漂亮哦！"我知道了"超人"，现在很多人都说我笑起来很好看呢！

中考的时候，我们班就我一个是没有同班同学在同一个教室考试的，"超人"担心我会害怕特意叫我去办公室，安慰我，还说开考前他会去看我的，让我放心。开考那天,我早早地坐在考场,还特意戴了眼镜,"超人"真的来了,在考场门口站了五分钟。五科考试,"超人"来看了我五次。

考试的时候感觉浑身都是劲儿,想着一定要考好,不能让"超人"失望。可是我考砸了,没有考上一直被期待考上的重点高中。"超人"打过几次电话来我家,那时候我在广州打工,没有手机,所以没能接到"超人"的电话。但之后我也没有勇气打电话给"超人",每次都是按到最后一个号码就放弃了。班长组织同学回去看老师的时候我都是找理由推辞的,渐渐地也没人叫我了。可能是感觉没有考上重点高中没脸见"超人"吧,明明"超人"是不会在意的,明明是想回学校看"超人"的,可是心里总是有种莫名的东西在抗拒。

高三的时候加了"超人"的QQ,只是我都是隐身状态,不敢主动找"超人"说话,也不敢像其他同学那样在留言板上说一大堆,开心的不开心的留言"超人"都会回复。到如今我上大学了,距离初三已经三年了,我不仅留了长发,说话也有自信了,再也不是当年那个青涩的一说话就会脸红的小女生了,没想到"超人"还能认出我来,并叫出我的名字。

打开手机进入"超人"的空间留言板,写下几个字:老师,好久不见!

当你有一个不会拧瓶盖的同桌

包子君

某天刷微博无意中看到这样一个话题：有哪些现象可以看出一个女生单身？其中的一条热门评论是这样说的：单手起瓶盖，徒手拆快递，牙能起啤酒，走哪儿都不路痴。

和同桌兴致勃勃地分享了这一趣闻后，她幽幽然地来了句："除了拆快递那玩意儿，其他的……全中！因为我没有快递收！"无语地白了她一眼，我们俩笑成一团。

和同桌调侃了一番后，想起了高一那年我还是个"娇滴滴"的"软妹子"，那时候我有一个"女汉子"同桌。我有次买回矿泉水，拧了半天愣是拧不开，都憋红了脸。同桌实在看不下去，就接了过去，不管三七二十一"啪"地一下帮我打开了。有了第一次就会有第二次、第三次……从此我习惯了她帮我拧瓶盖，她也习惯了一买回矿泉水就顺手帮我拧开盖子。直到高一下学期分班，我俩像牛郎织女一样被隔在了一南一北，一个文科班，一个理科班。分开的时候她没头没脑地说了句："同桌，以后我不在，谁帮你拧瓶盖呀？"听到她的话，心里莫名地一酸。

后来事实证明她的担心是多余的。同桌换了一个比我更"娇弱"的女生，重点是这女孩儿也不会拧瓶盖！我开始进化成了"汉子"，学会了拧瓶盖，顺便帮我那不靠谱的新同桌。"噗，你要是不换同桌会不会到现在都学不会开瓶盖呀？"

"也许吧。"我笑着应了句。

其实没有什么事情是真的不会的，不能够做的。只是目前有人帮你做着，让你觉得你不会也无所谓，甚至连尝试也不愿意去尝试。就像我曾经有一个会开瓶盖的同桌，我知道有人帮我，所以从来没有想过自己能不能打开。

人总是被逼出来的，当你有了一个不会开瓶盖的同桌，当你失去了可以依靠的人，要靠独立来保护自己，要靠强大起来维护身边人的时候，才会发现，原来我可以，原来我能做得比想象中更好。

不久前看到学姐的一条艺考心情，她说自己从来没想到，从未离开过家的她坐了十几个小时的车到北京考试；从来都是母亲唠叨着让她注意身体，如今自己穿着军大衣奔波在零下几度的街头；从来都是路痴不敢离家太远的她认认真真地记住了每一个站牌，每一条小路。

人的潜能都是无限的啊。

　　没有人可以永远陪在你身边帮你处理问题。即使是父母也有一天会变老，变得需要你来帮助。所谓单身的表现，所谓的"女汉子"标准，不过是因为没有可以依靠的对象，所以只能让自己强大起来，足以去应对这个变幻的世界。

媚媚你大胆地往前走啊,莫回头

兔子先森

后来的后来,看着她远远离去的背影,我终于明白了那句话。妹妹你大胆地往前走啊,莫回头。

莫回头,不是不要回头,是不能回头。

1

我认识林阿媚的时候正好是她最不正常的时候。也是,我最正常的时候。

说起来我到现在还记得第一次见到她的场景,用一个什么词来形容好呢,就是平地一声惊雷吼啊,地上的人们抖三抖啊。真的没有半点儿夸张成分,那时候的她真的是梁山一条好汉,活脱脱一个孙二娘。

其实这也算不了什么大事,毕竟如今"女汉子"当道。

可是，你能想象到吗，一个林黛玉下凡般的小仙女，前一秒你还恨不得捧在手心里怕掉了，后一秒她就当着你的面扛起一袋五十斤的大米，一口气上六楼都不带停顿喘口气，还回头埋怨你跟得太慢。你能想象吗？你就说你能不能！

总之，第一次见面我就为她深深地折服了，差点儿两腿一软张口叫老大。

说起我和她，那也是缘分。

我当时给良品屋的老板阿浩打电话，让他帮我在他店里找一个力气大的做苦差事的人帮忙搬东西。也是巧，我熟悉的那几个人都出去忙了，当时他店里就剩这么一个方便的兼职生。

一出寝室就看见一席白裙在风中飞舞，那姑娘站在柳絮纷飞的柳树下回头冲我美美一笑。我也礼貌地报以一笑。然后迅速板脸转身打电话。

道理我都懂，但是为什么找一个看起来比我还娇贵的姑娘。是要让我找找自己和美女的差距吗？怎么地，看不起我还是咋地，要不要出来打一架啊？

电话那边的阿浩默默听完了我的一顿低吼，淡定地回了一句："我店里这几天忙，她在我店里也是啥都干，不会让你失望的。"顿了顿又说，"你等等，我给她打个电话你就知道了。"

人就站我旁边打什么电话啊，直接回不就好了。我瞬间被他的脑回路震撼到了，觉得只不过在寝室睡了一天怎么感觉这世事都变得无常起来了。

不过立马我就明白了他的意思，听到旋律的同时整个人顿时僵住了，脑袋迅速地朝那姑娘猛转过去差点儿没扭到脖子。

震撼啊，震撼到无以复加的地步。这年头还有人用不知道多少年前的歌做手机铃声？还，自己唱的？还，这么，这么……我立马就敲定她了，别的不管，多么有个性的一个女生啊，如此清新脱俗不拘于世的女生现在已经不多见了，这放在偶像剧里就是活脱脱一女主角啊。

铃声已经放到结尾了，"妹妹你大胆地往前走啊，往前走，莫回头啊啊啊啊啊啊"最后一个尾音拖得让我叹为观止。路过的人纷纷惊悚地看过来，看着她镇定自若地冲我挥手，只留我独自在风中凌乱。

我是假装不认识她好呢还是不认识她好呢……哦，我本来就不认识她。

2

混熟了就好了，良品屋都是些年岁相当的同龄人。久了也没觉得她有其他什么不好。除了力气大点儿，品味怪点儿，说真的还是一个美少女。哦，还有就是，对图书馆的热情好像有些过了。对了，还有些抠（当然她对此的理解是节俭）。其实这些都是些模棱两可的，说不上有问题，倒也不是什么大不了的缺点。

我几乎每次在良品屋找不着她只要去图书馆必定能看见她坐在图书馆的角落看书。久而久之，那位置倒像成了她的专属。

我琢磨着找个时间拍张照片发学校论坛上去，就凭她穿身小白裙和认真看书的文艺范，没准还能拿个系花当当。

在图书馆我很少看见她吃饭，她几乎是一坐就是一整天，每每问她，她都是半开玩笑地回我，"吃了，书是精神的食粮。"

"那你得撑死了吧。"我没好气地白她一眼，然后把带来的面包分她一半。她倒也不客气，我一给就接，没有半分推辞的意思。

今年冬天来得有些早，早早地就下了初雪，不大，在地上只铺了薄薄的一层，但对鲜少见雪的我来说依旧是一种惊喜。

我啃着面包两眼放光地看着窗外："喂，林阿媚，你待会儿和我一起去玩玩雪啊？"

她看着，笑了笑："南方的雪都金贵得像什么样子，我家那边雪厚得到膝盖呢。"

她在说我家那边的时候我整个人都愣了一下，顿了顿。这才想起,好像从来没听她说过她家里的事情。我对她的认知仅限于她来自东北,借宿在学校。其他的一无所知。

我想了想,试探地问了一句:"你不回家过年啊?"

她耸了耸肩没回我。我便不好多问。

昨天刚下的雪,今天便出了太阳,阳光照在雪上反射出来的光有些刺眼。

我看见她缩在红围脖下的下巴微微露出来一些,嘴角突然勾出了微笑,"我不回头。"

我再定睛看过去,她依旧是那副不咸不淡的样子。让我怀疑我刚才听到的看到的是一场幻觉。

3

林阿媚是一个怪人。这是兔兔给阿媚的评价。

真正让兔兔她们离不开林阿媚的还是考试。林阿媚上课从来不带书,只带一个本子和一支笔。明明听得比谁都认真,但从来都没有见过她带书。

我们一致认为她是一个心气极高的学霸所以才不拘于常理。

她笔记做得尤其好。这导致我们一到考试就哄抢她的笔记。她倒好意思,拿着自己的笔记复印了几份摆地摊似的卖。一本三十,友情价打五折。气得我们要吐血又无可奈何。

可是没有人知道她是什么学院的。

我问她什么学院的,她也总是支支吾吾不回答。她的其他事我们也都不知道。

她说:"我和你们是不同的。"

兔兔和安安一边抄着她的笔记一边克制不住地翻白眼:"有什么不同啊,不都是两只眼睛一个鼻子一张嘴吗,啊?"

她也只是笑,泡着奶茶不理会。

她是个谜。

我们偶尔聚在一起提到这件事,只有岁数比我们长得多的阿浩不以为然:"出来闯荡的人谁还没几个秘密,何必在意这些有的没的。"想了想,觉得,其实是这个理。

直到她莫名其妙地不见了。一连三四天没看着人。我问阿浩,他说他也不知道,只晓得当时她请假说了句家里有事就走了。

我找到了学校的老师叫她帮我查查。

老师扶扶眼镜说:"我们学校没有这个人啊。"

我一愣:"怎么可能,老师你再看看。"

她有些不满地抬头横了我一眼:"没有就是没有,电脑输入人名没有。"

我不知道自己怎么走出学校的,到阿浩店里的时候有阵风刮了过来吓出了一身冷汗。第一次知道什么叫透心凉。

骗子？我回去和阿浩说起来，一圈人坐在那面面相觑。

"她骗我们图什么呢？难道我们身上有什么？"

我们想了半天也没觉得自己有什么可图的。

"她有和你们说过她是学校的学生吗？"阿浩突然开口问一句。我们想了想好像的确是没有过。

"这就对了。"只有阿浩还是一脸无所谓的样子，"既然她在我们身上得不到什么，她的做法也没有伤害到谁，那我们管那么多干吗？再说了，一开始觉得她是学校学生的只是你们而已。"

"不是学校学生干吗那么勤快天天上课啊？"兔兔挠头皮一脸不解。

安安说："可是她什么课都上啊。"

我这才想到，好像是这样的，她从来没有刻意去上什么课，都是打完工后有时间，有什么课就去上什么课。

我其实是觉得这些人里头，我和林阿媚是最熟悉的。结果到头来发现自己对她的了解和其他人没什么两样，心里头着实有些不舒服。

阿浩安慰我："有些姑娘，你和她们接触得越久就发现她们的谜越多，其实这都没有什么的。"

4

再见到她是在三个星期之后。我看着她简直有点儿目瞪口呆,其实她还是那副样子。但是怎么说呢,那种精气神消失了一般让她整个人都颓了下去。

她见到我们第一句话就是:"我要走了。"

我之前想好的,对她的不信任的怒气当看到她这个样子反而一时无处发泄,嗓子一哑,弱弱地问一句,"去哪儿?"

"回家,我妈妈走了,我得回去帮帮家里。"

我才知道,她妈妈去世了。

节哀两个字一直堵在喉咙里却怎么都吐不出来。之前的种种猜想没有一种比现实更为残酷。

送她离开的前一天晚上,兔兔问她有没有去过酒吧,说是带她疯狂一次。

她不肯,说是讨厌酒吧里的气氛。我们便退而求其次地去了KTV。

兔兔怂恿我去拿酒灌林阿媚,我被她闹得脑袋疼,装模作样地用一杯雪碧当酒递给了林阿媚。反正包厢里昏暗暗的,也看不清里头是什么。

她说:"我不回头。"

我不记得这是她第几次说这句话了。她将装满了雪碧的酒杯高高举起,然后一饮而尽,壮士断腕般的气势。明明是没有酒精的饮料,她却显露出了微醺。

她抱着我,开始胡言乱语。

"你不知道啊,我家里特别穷,在东北很远很远的村子里。家里只能供一个人读书,没事,我知道我是老大,让就让吧可是我不甘心啊,我不甘心。你说,我毕业了,就这么嫁人了,我对得起她们,可是我对不起我自己啊。

"我就跑了出来。这几年,我自己打工学习,养活自己。冒充学校的学生,然后自学考试。"

"我不后悔,我不回头。"她说到最后,眼泪一滴一滴顺着眼角鼻翼流下来。

我拿出纸巾给她擦眼泪一声不吭。

原来,只要想醉,不用酒也是可以的。心醉了,人也就醉了。

她的小白裙原来是有花纹的,洗了太多次,把花都洗掉了。

我想起当时兔兔询问她哪里买的白裙,她也想买一条时,她说这是历史沉淀出来的。那时候以为她是夸自己文化底蕴深,暗暗对她翻个白眼,现在如鲠在喉地恨不得抽自己一个大耳光。

她打了三年工,把自己一年的学费和弟弟的学费生活费都攒够了。可是她还是实现不了自己的梦。这对我们而言轻而易举的事在她眼里隔着万水千山。

她说:"你不知道我有多羡慕你们,有多羡慕。"

她说:"我要走了。"

整个包厢一片寂静。只有她抱着我,将头埋在我怀里压抑的哭泣声。

我们送她离开,她以夕阳为景。面对着我们,巧笑倩兮,眉眼弯弯。像第一次见她一样,穿着小白裙,站在柳树下。只是,这次是她背对着我们拖着行李箱渐渐远去。

不知道是谁打了她的电话,手机铃声又从那边远远传过来,"妹妹你大胆地往前走啊,莫回头"。

这一次,再没有人笑。

5

半年后,我已经大二了。良品屋的小日子依旧是那样云淡风轻。林阿媚当初买的小盆仙人掌还放在窗台那儿,绿油油的。

没人敢问起她,偶尔提起也是一两句随后便陷入了沉默。

图书馆的那个位置我时常会去坐着看书。可我想,她那时候的处境,我永远永远也体会不到。

我偶尔在朋友圈里刷她信息。这么多月,她没有丝毫痕迹,只是签名依旧是三个铁骨铮铮的字:不回头。

宛如壮士断腕,一去不回头。我终于知道她说的不同。我们是不同的。

后来，很久以后。在上历史课的时候手机突然响起来，我那时候昏昏沉沉地打着瞌睡，被这么一闹，整个人吓得一哆嗦，差点儿没从椅子上栽下去。

咬牙切齿地缩在最后面的座椅中："喂？"

那个声音宛若从云端传过来："你上历史课要认真点儿，虽然不是要考的，但还是很重要啊。"

最后两个字咬得格外重。

我愣了，疯了一般地站起来四处看，在教室门口的那个角落里看见她。她举着手上的书对我摇，好像在炫耀什么，一脸得意扬扬的样子。

"那位同学你在做什么？"老师带着怒气的声音传过来，我已经无暇顾及。鼻子一酸却是笑了。

那个穿白裙的女孩儿，为了梦想兜兜转转，在一片狼藉中种出花朵绚烂盛开。我想，这世间再没有比这更美妙的事了。

钝感小姐

水 四

你听说过"钝感人"吗？我猜你一定又被我忽然跳出来的问题问蒙了，一脸还没反应过来的茫然，这次就不劳烦你去百度啦，我解释给你听。

钝感人对待感情反应迟钝，对别人的示好满怀戒备。就像钝刀割肉，一点儿一点儿磨尽对方的热血，等到人家受尽伤害决意离开，才恍然发现，那个人原来已经在心里了啊。

你知道的，我从来不会无缘无故提一些莫名其妙的事情，所以也许你已经猜到了我的意思——我想说我就是后知后觉的钝感人。

其实这么说来有些粉饰自己错误的嫌疑，说白了就是当时的我有恃无恐太任性。但是事已至此，哪怕我要在接下来正文的每个部分都加个小标题概括中心思想，也不过是那些任性过往的九牛一毛。

那么就劳烦你再忍耐我一次。

最后一次。

当年不该种相思

其实我一直以来对"一见钟情"这个词是有偏见的，一方面是因为我这人外貌不出众而且慢热，并不觉得一面之缘彼此能有多少了解，又谈何爱慕。另一方面则是受了舆论的影响，曾经有一个挺火的说法：一见钟情钟的是脸不是情，这叫喜欢吗？不，这叫买菜。我认同到几乎要奉为座右铭的地步。

所以当辗转听说你在公交车上遇到我就觉得甚为心动后，除了一点点身为女生自然而然产生的欣喜之外，更多的还是排斥，并没有打算多作了解。

我记得你加我QQ之前我还在和朋友说，我的理想对象一定要是理科生，才不会动不动就伤春悲秋瞎感性；身高一米七二以上，长相不重要，但是一定要有文学底蕴呀，最起码我念上一句诗，他要能背出下一句。

没想到你居然完全吻合。

理科生，身高恰好一米七二，史学知识比我这个正统文科生还要丰富，诗句典故信手拈来。最重要的是，我长这么大以来，有人夸过我可爱也有人说我豪爽，你却是迄今为止唯一一个用"灵气"这个词来形容我的人。

　　于是我猜，你大概是一个很特别的人。

要不，我们在一起，吃很多很多顿饭吧，吃饭不重要，要不也不重要

　　我们连续三个晚上聊QQ聊到三点多，我翻了翻日记本，白纸黑字工工整整地写着"发现L先生还是蛮可爱，莫名聊得来耶"。三次夜聊之后我们就确定交往了，那个决定到底是因为深夜里心防脆弱脑子一热，还是因为对你心生好感已经无从考究，但那时一定还够不到喜欢的程度。

　　现在想来，可能就像你说的，我只是想找一个合适的人在一起。抛开后面不怎么令人愉快的发展不说，一开始的我们看起来真的还蛮搭，我会在晚自习偷溜出学校觅食回来后给你带一个手抓饼或者鸡肉卷，你会约我去图书馆然后一个步骤一个步骤地给我讲解数学题；我写的文章不论好坏你都会买来认真去看，然后使劲儿夸我；下雨时你忘了带伞，我也会执拗地要求你坐在我的单车后座上，让我载你回家；你成了你们班下课铃敲响后第一个冲出教室门的家伙，只是为了等我下课一起回家……

　　虽然你傻乎乎的，要学人家送奶茶结果给我买了一杯木瓜牛奶，害得我被后桌嘲笑"你男朋友是不是希望促进你二次发育"，在我生日的时候还"中二"地叫了一群好朋友过来跟我说"嫂子生日快乐"，但是我到现在仿佛还能感受到你那么浓烈的扑面而来的喜欢啊。

我也开始相信，和身边这个人应该是会有以后的。我在过马路的时候不自觉地揪住你的袖子口，而你很自然地就牵住了我的手。

爱情的巨轮沉了，摆在眼前的是一场海啸

L先生，很抱歉啊，我是一个耳根子软的人，我至今不知道当时我的同桌为什么在我面前变着法子诋毁你，劝分不劝和。一开始我是不在意她的说辞的，什么时候开始听进去的呢？

是你无意中说漏嘴，你对曾经暗恋的女孩子其实还有余情未了的时候吧？还是你随口讲出的那句，你一直都喜欢大眼睛黑框眼镜脸圆圆的女生的时候吧？

既然旧情难忘，和我算什么新的开始？要用新欢来当跳板忘掉旧爱吗？符合你喜欢的条件的女生有那么多，我实在没把握你会不会在哪个转角又对其他人一见倾心。

所有人，甚至包括我自己，都觉得我的态度怎么转变得那么快呀，前不久和你看起来还是甜甜蜜蜜的，怎么忽然就一脸冷漠了？

后来我看书的时候看到这么一段话：天生我就容易爱上别人，可惜太过理智，但凡遇到和感情有关的事，事无巨细，都会被自己一一考虑周详，而且只要想到其中一点儿不好的地方，很快就会打退堂鼓。

尽管已经和你在一起了，我的观念还是很难改变啊，对一见钟情仍然存疑。而那些细节就像你抛给我的充分必要条件，都在证明没有长时间做铺垫就产生的感情是多么荒谬，你再也没办法给我安全感了。我开始想逃。

但凡缺乏安全感又自我保护欲强的人，下定了决心就几乎没可能回头，你送我书签我照上面贴着的价格标签转账给你；你托人转交《学霸笔记》想让我认真学习，我又托那个人转交回去；听说你企图制造和我的偶遇，我故意每天换着时间和道路来上学；我甚至去把你喜欢的我的头发剪掉，剃成了男生模样……

好像足足过了一个月或者更多一点儿的时间，我后悔了。我说过我这个人慢热又迟钝，和你刚分开的时候几乎只有解脱的感觉，时间流逝之后我却开始辗转反侧难以忘怀。我记得你给我送完感冒药之后还会发消息每天提醒我吃药，记得你因为想要表现得更好、更从容却浑然不觉拘谨刻意的样子让我尽收眼底，也终于想起，即使我恢复了以往的上学时间，不再神经质地提早或者拖延，我也已经很久没有见过你。

原来你如果不再有那么强烈的愿望想遇到我，我也没办法随随便便一转头就能瞧见你的身影。

你还是放弃我了吧?

明明是想用陈述句的语气写下这句话，还是没压抑住心底的一丝侥幸，把末尾的标点改成了问号。

玫瑰是我偷的，但我爱你是真的

电影《那些年我们一起追过的女孩儿》里有一句台词很是戳心：被你爱过之后，很难感觉到别人爱我。在你之后还是有人对我献殷勤，说一些甜丝丝的情话，再送几杯热腾腾的奶茶，但是我怎么看，都觉得他们不如你走心。

细细回想，和你在一起的时日里竟然一直是你在适应我的性格，我除了挑刺和打着"我思想比较极端"的旗号伤害你以外什么都没干。所以说，你怎么会继续喜欢这样的我呢？对一段感情来说，最可怕也最具毁灭性的，是明明在一起却像单恋无终啊。

我在糖厂工作的哥哥放假回家的时候给我带了一捧做成玫瑰花形状的棒棒糖，却被我妈以我蛀牙严重为由没收了。我偷偷藏了一根想送给你，台词都想好了：玫瑰是我偷的，但我爱你是真的。

可惜分手的速度快过了我的预期，糖到底还是没有送出去，孤零零地摆在我桌子上。天气一热，表皮的糖浆就被晒化了粘在透明的包装袋上，看起来黏黏腻腻，让人一点儿都不想再碰。

似乎很像我们俩的结局。

乌龟小姐的 101 滴眼泪

阿 砂

1

乔姗距脱离未成年还剩三百六十五天,可大吵大闹的大人们却把家搞成了战场。某天她放学回家,客厅里的水晶鱼缸被飞掷而来的烟灰缸砸了个粉碎,满地汪洋里漂浮着小斑鱼的尸体,而她最宝贝的那只绿毛乌龟,正瑟瑟地缩在壳里。

"嘿,Romeo(罗密欧)!"她轻轻地敲了敲那花纹很有个性的壳,伸出一个探头探脑的小脑袋来。

"上帝保佑,幸好你还活着!"乔姗把宠物龟抱了起来,那小小的龟爪撒娇似的挠着她的锁骨,很痒,但很安心。

"Romeo,放心吧,我一定会给你一个新家。"

她愣愣地望着废墟般的客厅,夕阳下的玻璃碎片洒落一地泪光,那么属于她的一个家呢?又将由谁来真心交付?

2

乔姗把乌龟藏进书包里带到学校,上课时她悄悄把手指头伸进抽屉,得到一个温热而湿润的吻后又兀自傻笑,被同桌的那个女生嗤笑了一句神经病。

你问她要不要用圆珠笔乱涂一通同桌的课本报仇呢?"哎,干吗那么小心眼呢?"她早就无所谓了,反正自从她上回干出当众用黑板擦往何楚漂亮的脸上"拍粉"的光荣事迹后,全班的同学早就把她当成无理取闹的神经病了。关于不合群的她还有诸多难听的流言啦,不解的白眼啦……她渐渐学会像Romeo一样躲进龟壳里,龟壳里就是另一个世界,在这个世界里她坚强得无畏无惧,也没有什么深刻在乎的,毕竟人类早已理所应当地定义乌龟是冷血动物了,怎么可能有心呢?

乔姗在校园里转悠了老半天才发现这块"风水宝地"——旧教舍拆了一半的墙角落有个废弃了的喷水池,池旁边那棵孤独的无名树,零星残败的叶子,只有风经过时会落下几朵寂寞的花。

就是这儿了,乌龟的新家。

她正要把乌龟放进水池,却发现漂浮着绿苔的池水中,早已有了一只乌龟,一只和Romeo一样的绿毛龟!

"天啊!难道上帝不忍心看你单身,赐予你一个伴侣?"她很惊喜地捞起那只乌龟逗弄起来,"比我家Romeo重多了,Romeo,你不介意胖胖的女朋友吧?"

"可我介意有人动我的乌龟。"

毫无防备地,她被身后突然冒出来的男生吓了一跳,手里的乌龟"扑通"滑入池中,溅得她满脸都是水。她一边狼狈地抹去粘在睫毛上的水草,一边讶异地打量着另一只乌龟的主人……在透过树影的朦胧光线下,他的头发是麋鹿那般深深的咖啡色,熟悉而又陌生。

熟悉的呢,是那张轮廓好看的脸总是挂在光荣栏最显眼的位置上;陌生的呢,是平日高冷的学霸,此时竟然像个小破孩儿一样,笑容温暖地折一根狗尾巴草逗着乌龟玩。

"嘿,你……你是沈渡对不对?我叫乔姗,同是养龟爱好者协会的。"她调皮地把Romeo顶在头上,滑稽地学着人民公园遛狗大爷的搭讪方式。

"你好,乔姗。遇见你和你的乌龟真高兴,Juliet(朱丽叶)以后该有伴儿了。"沈渡也捧起自家的胖龟友好地打招呼,那抹真诚又难得的笑便停留在暖风中,适时飘下来的落花巧合而美好。

3

如同厚厚的一本小说,风一吹,翻开的恰好就是你看到的那一章节,猫咪的爪子踩到遥控器,跳到你最爱看的电影频道,世界上再也没有那么美好的巧合了。我们都在学校里偷偷养乌龟,我们的乌龟叫罗密欧和朱丽叶,啊,还有,我们指的是我和我喜欢的人。

Romeo,这很棒对不对!

午休时光,乔姗很愉快地赏了乌龟一根辣条。

"喂,乌龟吃这个不好吧?"沈渡总爱这样皱着眉头,表情就像物理老头讲起"此题不可忽略摩擦力这一条件"时一样严肃。

"不然呢?"

他默默掏出饭盒来,往水池里投食了几个紫菜饭团。

这回轮到乔姗感叹了,难怪Juliet那么胖啊!

两只乌龟吃饱喝足后玩耍消食去了。微风不躁,斜靠在喷水池旁的男生翻起无聊透的数学练习册来,但他偶尔抚弄额角的碎发,专注的样子真是一道不无聊的好风景。

两个养龟爱好者共处的午休时光里,乔姗常这样偷偷地看沈渡,从前没想过会有这样一天,优秀如他会和她靠得那么近,一同吃饭、逗乌龟、看书,做彼此唯一的朋友。

是的，唯一。

只有乔姗知道学霸其实不像表面看起来那么高冷，他除了数理化棒极了，也热爱读叶芝的诗和研究宋词，只是同她一样都不太擅长与人交流罢了，他们简直太像两只孤岛上的乌龟相遇相惜了。

"沈渡，你为什么也偷偷在学校里养乌龟？"

"Juliet呀，是去年夏天回乡下时，爷爷临走前送给我的纪念。"沈渡解释起来云淡风轻，"你知道我妈妈吧，她总觉得养宠物是件耽误学习的事呢……"

说到沈渡的母亲，在他们学校无人不晓，那可是传说中省最高学府的教授，常常会被邀请到儿子就读的这所中学作演讲。

可沈渡提起自己妈妈时，眼底闪过的不是骄傲的光，而是一丝疲倦的黯淡。乔姗心里更多的也不是钦慕，而是心疼：教授的儿子果然不好当，那么耀眼而孤独的他，一定很累吧？

"乔姗，每天偷偷来陪乌龟的时间是我在学校里最快乐的记忆了，这是我们俩的秘密，对吗？"

对的。沈渡这么问的时候乔姗也很快乐，她和他一起深情地朗读过《白鸟》，她和他一起淋过春日的淅沥细雨，她和他一起分享过新鲜的柠檬茶，她和他——他们，有个秘密。

4

哦，乔姗还有一个秘密沈渡不知道。这个秘密，始于曾经那个早已枕着黯星入睡的冬天。

那个冬天，家里的气氛和窗外阴恻恻的鬼天气一样冷到了极点，乔姗习惯不吃早餐便早早出门，到学校时校园还是空荡无人的光景。

那天不一样，教室门口那棵掉光了叶的斛树下早就站着一个男生，隔着那么远的距离，乔姗竟然能观察到他低垂着的睫毛，像是那树来年生长的新叶。

男生看到乔姗，上前塞给了她一个"大礼包"，有白气模糊了他略带羞涩的笑，"这位同学来得挺早呢，祝你好好学习，天天向上！"这句鼓励人的话也说得那么羞涩和尴尬啊，但又那么暖。

"大礼包"指一个精美的红纸袋，里面装着围巾、暖宝宝、保温杯……一整个冬天的温暖都装满了！

寒冷的季节里学校为了鼓励学生不赖床迟到而搞了这个"送温暖"的活动，令学生干部为每班第一个到校的"学习积极分子"送上关怀。乔姗不是什么积极分子，早出晚归只是为了逃避那个冰冷的家。而沈渡这种高冷的同学呢，撇开长相还真不适合做"暖男"。

但乔姗却记住了他那个初阳般的笑，她站在光荣栏的玻璃前呵了一口白气,轻轻用手指写下了这个怦然心动的秘密:沈渡,我喜欢你。

5

往后趁着校内大扫除没锁光荣栏,乔姗偷偷揭下了沈渡的照片。照片上的他和她每次假装路过实验室时偷看到的一样,凝着眉思考题目,不苟言笑的,就像那个早晨对她流露的笑容是朵再难觅的花。

不过这不妨碍乔姗把照片夹进私密笔记本里收藏着,直到那天"头号冤家"何楚来找碴儿。

乔姗不知道何楚和她做了那么多年邻居为什么还不喜欢自己,大概每个人的青春期都会有这样一个"敌人"吧,但何楚真的很过分,她当众用高调的声音说:"乔姗你就不能让你爸妈吵架小点儿声吗?两个大律师针锋相对的争执很精彩,但我可要学习呢!"

大概是乔姗视之若空气的态度没能达到挑衅者的目的,何楚气得撞了她的课桌,散落一地的书本间,沈渡的照片就这样暴露了,同时暴露的,还有乌龟除去坚硬的外壳后脆弱的内心。

"你该不会是暗恋沈渡吧?!"何楚的样子真的很夸张。

沈渡的妈妈常会邀请一些年级排名靠前的同学到家里

一同温书，何楚就在其中，真是可以骄傲的资本呢。可下一秒呢，骄傲的何楚还来不及骄傲，羞愤的女孩儿就变成了暴跳的小兽，呛鼻的粉笔灰让她出了大糗。

乔姗有时觉得自己真的越来越像乌龟了，兼备了这个动物的懦弱与坚强，她向来沉默，父母闹得不可开交她也只静静地抱着枕头缩在角落，何楚把作弊的纸条丢到她脚边时也无言辩解地背了黑锅，可这一次呢，因为沈渡，懦弱的乌龟小姐握住了一点点勇气。

6

"看见了没？有人在操场上遛乌龟。"

"谁啊？那么脱线！"

班里的同学们议论不停，沈渡从题海里抬起头笑了一下，他知道是谁。

"果真是你，乔姗。"

乔姗一回头就看见了捧着书信向她走来的沈渡，她满意地扬起了嘴角。这两天总不见他，原来是月考将至，他的午休时间都被一群勤学好问的女同学霸占了，Juliet想念他，于是乔姗寻思了这个"妙计"。

好吧，她承认，其实她也挺想他的。

塑胶跑道上，沈渡一边散步一边看书，乔姗无聊地倒着走，而慢悠悠爬过的乌龟留下了两道湿润的水印，像是天使留下来的吻痕。

飞旋而来的足球破坏了这美好的画面，随着一声"哎哟喂"，乔姗的后脑勺传来一阵痛。"没事吧？"沈渡和那几个踢球的学弟都围了上来。乔姗揉了揉眼竟然没有眼泪，谁叫沈渡急得连书都丢飞了的样子特搞笑来着，她在偷乐。

"学姐学长，你们怎么都走路不看路？"一个学弟嘟囔着。沈渡没看路是在看着书，那么她，当然是在看沈渡了。

"你为什么受了伤还傻笑？"医务室靠窗的床位，沈渡的侧脸沐浴在光影里。

"咳咳，那么你又为什么不去上课呢……"乔姗不自然地转移话题，莫非这位学霸会为了陪她而翘课吗？

"没什么难度，不去了。"沈渡头也不抬，霸气地说，"我倒不如在这儿念诗给你听。"

和学霸一同逃课的时光就是不一样啊，他在深情，而她贪睡，连空气里的消毒水味都要芬芳起来。

7

在乌龟的世界里，反正岁月漫漫，遇到一点点心动，不如就当作永远吧。

Juliet最近失宠了，沈渡许久不来陪它玩儿。乔姗孤独地啃着辣条,又丢了根给水池里的乌龟,可没有人会皱着眉揶揄她这是垃圾食品了。

那天沈渡很急地在乔姗班级门口拦住她,声恳言切地拜托她替自己照顾好乌龟。那是第一次,乔姗在他向来自信从容的眼里望见了不安和无措,她有很不好的预感。

沈渡连着数日没来上学,不好的预感一天天强烈。

她在何楚面前低声下气才问来情况:沈渡的妈妈居然病倒了,据说是刻意隐瞒了挺严重的病情,直到那天在大学授课时当众晕倒……

变故如突如其来的乌云,密匝匝地笼罩着少年的天空,他能扛得住吗?乔姗知道沈渡虽然怨过母亲的过于严苛,但其实是深爱母亲的,不然怎么会为了成为母亲的骄傲而那么用功?

"关心那么多,你又能为他做什么啊?"何楚还是一副嘲讽她的姿态,"乔姗,知道我为什么讨厌你吗?因为你什么都无所谓,什么都不做,要是我父母闹离婚,我才不会像你那样又懦弱又没用。"

对,她能做什么?她能做的,只有替他照顾好乌龟。她开始笨拙而细心地学做着紫菜饭团,誓要把沈渡宝贝的Juliet养成加菲猫一样的"加菲龟"。

而眼看着天气一点点变热,Juliet一点点变胖,她对沈渡的想念也一点点满溢。当黏腻的夏风吹过时,她呆呆望着那爬上了斑驳绿意的破水池,想起每个他安静看书的午后里,有落花坠地,蝉鸣消音。

8

"你们,下来!"

那天墙角来了几个男生想借喷水池的高度翻墙过去打电玩,乔姗不知道哪来的勇气阻止他们,她怕他们这种高危动作会摔成凶案现场。

"天啊,这里居然养乌龟?"男生们悻悻地下来,却新奇地摸起了水池里的乌龟玩儿。

"你们别闹了!"她又气又急。

男生们见她心急的样子似乎想开个玩笑,把缩着头的乌龟当成篮球互相传来传去地闹。乔姗气得去抢,慌乱中乌龟居然伸出头咬了其中一人的指头,被咬的人疼得一甩手……

"啪"龟壳重重摔在地上,就像撞在乔姗心上一样疼。

"真该死!"那男生又狠狠地踩了龟壳一脚,吐下口香糖扬长而去。

乔姗蹲下来用颤抖的手指敲了敲龟壳:"嘿,Romeo……"

很久没有动静,久到,第一滴眼泪受悲伤的引力坠落。

Romeo再也不会像从前一样,亮着黑溜溜的眼睛望着自己了。她将头深埋进了膝间,陷入过往那些相依相伴的旧时光里。这个动作跟缩头乌龟没什么两样,直到那个很想念的声音像穿过原野的风般将她从巨大的痛苦里抽离。

"沈渡,Romeo死了。"

"嗯,但我还在……"

沈渡的母亲自从病情一好转后就赶他返校学习。

离开多日,他没有多紧张落下的功课,反而惦记着他的乌龟和他的女孩儿。

他沉郁数日的天空一直盼望着太阳,而她笑起来的样子,就是他心里明晃晃的太阳。

但他目睹的,是她在哭。

"傻阿姗,你看,这不是动了?"

动了……Romeo在沈渡的手心里慵懒地伸出头来,像在嘲笑世人不懂欣赏它"碰瓷"的高超演技。

"你这缩头乌龟!浪费我宝贵的泪啊!"乔姗随即笑出了泪花。

9

乔姗距脱离未成年还剩三百六十五天,这三百六十五天里她许下过无数的愿望。

当她第一次遇见沈渡时,她愿做他近旁的那棵斜树;

当她偷看他皱起好看的眉思考时,她愿当他手中的那支铅笔;而当他宠溺地望着乌龟时,她想啊,干脆把她也变成一只乌龟吧!

但乌龟小姐不会知道,望着她那雨季般潮湿的双瞳的那刻,十七岁的沈渡也在心里默默许下了愿望:就让我做你眼底的一滴泪吧,我未曾离开你,一如你未曾哭过。

如果你恰好是那缕偶然途经的风,请替青涩的少年守护秘密吧,嘘,别让乌龟小姐听到。

不完美的小世界

风沙之后继续前行

判 官

  2014年11月26日，风，距高考一百九十三天。

  凌晨六点，起风了，天依旧昏暗，让人看不清前行的路。

  某楼道内的灯忽然亮了，随后便出现了我扶着护栏一瘸一拐下楼的画面。

  早知道这样就应该每两天健身一次，我的腿就不会因为锻炼过度导致肌肉酸疼了。我高三了，但丝毫没有传说中"高三党"的紧迫感，上课有时还会打瞌睡，溜号，自习经常发呆，回到家还会偷偷上一下QQ……

  那还是前天晚上的事，我锻炼了差不多一个小时，正准备去睡觉，不知怎么的心血来潮硬是又做了一百个蹲起。双腿又累又麻，我简单按摩了一下就去睡觉了，没想到第二天早晨起来两条腿就矫情起来了，只要稍微一用力就又酸又疼，简直要爆开了。到今天，依旧得扶着护栏才能下楼，果然不作死就不会死。

我还在低头想着什么，却发现不知不觉已经走到了早餐店门口。要了三个肉包子，塞进书包里继续低头往学校漫步。

教室的灯早就开了，四个男生在后排围成一圈讨论着百玩不腻的"英雄联盟"。我不玩那个游戏，还是看几眼小说来得实在。

左手伸进书桌里掏书，右手到书包里拽包子，动作流畅，一气呵成。

一口包子咬下去，我眉头紧皱，翻书的手停了下来。把剩下的半个包子移到眼前，满满的酸菜！没有肉，所谓的"肉包子"居然是一肚子酸菜，这让无肉不欢的我难以下咽。

没钱，不敢任性，继续低头吃包子……喝了一大瓶水才勉强吃下两个包子，看着剩下的大肚子"肉包"，我欲哭无泪。见旁边一个吃素的女同学也在吃包子，我大方地把包子推了过去。对方只咬了一口，也皱起了眉头。难道吃素的也觉得这个包子难吃？

那女同学盯着包子看了半天，然后满脸委屈，可怜巴巴地对我说："有肉……"顺着她纤细的手指望过去，我足足看了十几秒，顿时满脸黑线。这包子……居然真的有肉，整整有米粒那么大……本来我还打算明早路过早餐店去讨公道，看来还是我败了，这的确是肉包子！

午休回家的路上，风夹杂着沙粒袭向脸庞，针扎般的刺痛。少了往日的嬉笑，每个学生都收紧领口，行色匆匆，时而还要躲避吹向脸庞的落叶。

我依旧习惯性地低头前行。整个上午，浑浑噩噩，听课的时间不到一半。我不是不想学习，只是不知该从哪里下手。小学，从来不学习的我每次全校第一；初中，不学习的我依旧轻松进全校前三十名；到了高中，似乎我还没进过几次一千吧。

如今的我颇有一蹶不振的感觉，想到这里，我不禁摇头苦笑，却不想一口冷风灌进嘴里，呛得我一阵干咳。

午饭过后，我习惯性地上QQ看一眼。想到前不久发给语嫣姐的稿子还没有消息，大概是被毙掉了吧。本想攒些稿费旅行呢，却不承想上一次稿这么辛苦。

忽然，一个名字闪过脑海——巫小诗。小博里一个过稿率极高的知名女作者，我喜欢看她的文章。

随后我便发了消息过去，没想到她还真在。我加她好久了，却一直没聊过，如今第一次交谈，一向活跃的我也拘谨了很多。

我要请教的无非是一些关于写作技巧的东西，小诗一一做了解答，并且答应我下次会把她的写作技巧发给我，让我一阵小小地感动。最后，她告诉我："多写多看，没人能帮的，除了自己。"

"没人能帮，除了自己……"望着头上的天花板，我愣得出神。

直到闹钟响了，我才回过神来，又该上学了。

下楼的时候双腿依旧酸疼，外面的风依旧在咆哮，只是，天亮了……

我欲乘风破浪踏遍黄沙海洋

叶佳琪

夏天注定是个酝酿离别而又充满斗志的季节。深深意识到这一点的时候,我已经在大学里,却还是不由自主地想起了高考那年的夏天。

掐指一算,原来已经过去两年了呢。

竟然过去了两年呀。

两年前的这个时候,我整天咬着牙泡在永无止境的题海里,教室里那两台电风扇不急不慢地"呼呼呼"地转着,尽管它永远吹不到我的位置。

偶尔抬起头望望黑板上的倒计时,从最初的三位数不知不觉就变成了两位数,光是看着就让人觉得触目惊心。

离高考只有整整一百天的时候,我决定搬出去住,虽然现在听上去并不是值得大惊小怪的事情,但当时,在那所以寄宿而闻名的学校里,也算是一个重大的决定吧。住宿就是它的规则，而我，属于那少数的没有遵守规则的群体。

不遵守规则总是要付出代价的，而我的代价就是，必须承受更大的压力，来自父母、老师，又或者是我自己。

租的房子就在学校对面。每天的晚自习结束后，我都要和班上另一个走读的女孩子一起穿过一条黑黑的弄堂，奔向那个小小的栖息地——对面居民家的一个房间而已。那十平方米的地方，就是我最后的战场。

很多很多个夜里，房东儿子曾经用过的那个小小的书桌，是我黑夜里最忠实而沉默的伙伴。那时我并不敢想象以后的结果，只是知道，必须不遗余力地向前跑。

高考对我而言是什么呢？

是一考定终身的那个"小锤子"吗，是为了赢得别人艳羡目光的手段吗，又或者，只是单纯"想上个好一点儿的大学"的功利心呢？

不，都不是。

对于那个时候的我而言，高考是一个与生俱来的梦想——也许它没有重要到决定我以后的人生、决定我一定会成为一个什么样的人、过上什么样的生活，但它能够为我十二年寒窗苦读画上最好的句号。

在每一次快要撑不下去的时候，在没有得到想要的成绩的时候，在深夜里害怕失败躲在被子里呜咽的时候，在更多个失意失望的时刻，我的心里好像都有一个声音在说,加油,就快靠岸了,就快了。

考完数学的那天下午,走出考场的时候,看见好几个女生因为没有做出来题目而坐在地上大哭,广播里正好放着最容易触动人感性神经的《海阔天空》——"今天我／寒夜里看雪飘过／怀着冷却了的心窝飘远方……"

哪怕遭受冷眼与嘲笑,哪怕总有挫折打碎我的心,哪怕冰封崎岖千里,哪怕尽是深渊的水影,也依然没有放弃过心中的理想,也依然不会放弃高唱这首歌,也依然踏破远山穿过晨曦,也依然踏着灰色的轨迹,冲破那些挣扎与束缚。

这首歌想传达的,大概就是这个意思吧。

不知道是不是音乐的缘故,那个场景至今回想起来,都让我觉得心疼:六月汗水伴着蝉鸣的考场外,伤感的背景音乐下,因为题目没做出来而抱头痛哭的孩子……

如果时光能够倒流,我真的很想走过去,抱一抱她们,告诉她们,有一种比努力之后却未如愿还要可怕的遗憾叫作——你从未努力争取过。

偶尔会收到一些来自高三孩子的私信,我很想尽自己最大的努力去给他们所有的鼓励,甚至恨不得把自己当时的座右铭通通搬过来。

但是这毕竟是一场漫长的持久战,旁观者的推波助澜能够给予安慰和鼓励,但必胜的秘诀终究在你,个人斗志、战斗技能、武器装备,统统要靠你自己。

那个漫长炎热的夏天,那个试卷满天飞、教室里全是咖啡味儿的高三,那些让你在夜里翻来覆去睡不着的模拟考试,都会在日后的记忆里成为你狠狠想念的一部分。

就像如今在深夜里敲下这些文字的我,在回忆起关于高考的那些细节时,想起那些战战兢兢的夜晚时,仿佛看见了十七岁的自己,她说,你要继续加油呀。

走过高考这座独木桥,杀过千军万马的我们并没有因此而成为很了不起的人,胆怯懒惰的坏毛病偶尔还是会跑出来。

但是还是要感谢那一年里孤军奋战的我,一直努力奔跑没有停下来的我,战胜了那么多迷茫时刻的我,最后终于迎来了站在今天满怀勇气面对未来的我。

所以,不管你们刚刚走下战场,还是在接下来的一年里即将勇敢作战,如今我想把那句"加油"送给你们,一定要相信,在未来的某一天,当你回想起人生中最重要的这一年,可以上扬着嘴角,用最云淡风轻却略带骄傲的口气说上一句——我,一点儿也不后悔。

因为那是最好的我,也是最好的你。

既然心中有梦为何不为之奋斗

朱瑞琴

1

这几天总是下雨,我丝毫没有想要欣赏雨的诗意想法。一下雨心情就莫名阴阴的,连走路都会滑倒,做事情也是各种不顺。所以我真的很讨厌下雨。

傍晚,吃过饭后我搬了把椅子到阳台上,此时,雨已停了有些时候了,天空是一种纯净如水的蓝,除了零零散散飘着的几朵乌云没被风吹走。

我翻了翻手里的《中学生博览》,心里还是一阵烦躁,根本没有心情看。随手掏出手机,熟练地拨通了闺密的电话。

我跟她说:"最近不知道怎么了,总是很烦躁,做什么都不顺心，也不想做点儿什么了。"除了家人外，也就只有在她和另一个知己面前能把面具撕下来将最真实的自己毫无保留地呈现出来。她是理性的水瓶座，我是冲动的白羊座，她虽然和我同岁，但总是比我成熟，会让我明白很多道理。

她沉默了半晌，缓缓开口："我最近也是这样，做什么都觉得无聊，还是小时候最好，做什么都觉得无忧无虑。也许，这就是长大吧。"

这是每个人都必须经历的吗？也许，就像闺密说的，这就是长大吧。

我没有说什么，也没什么可以说。突然想起以前和闺密都很崇拜的一个少年作家又出了本书，于是急急忙忙告诉了她。她听完后也很激动，我们就着这个话题聊了好多。

聊着聊着我就说到了小博上最喜欢的一个作者夏南年。

我跟闺密说我很羡慕她，以前聊天时我也说过很羡慕她，闺密说为什么很多人都这样说，当时我回答她说："是因为能过写很多稿子不用花钱就能看杂志的生活很幸福。"那么现在所说的羡慕，是因为夏南年能自由熟练地运用手中的笔写下自己想表达的，而且还能把这些真实细腻的故事发表出来，得到肯定，这些在我看来，已经是非常幸福了。

闺密说:"你知道吗?我也很羡慕你,能有一个和你志同道合的人,虽然隔着屏幕,隔着万水千山,但是你们对共同喜欢的事物能有相同的观点,身上有很多相似之处,也许这世上和你有相似之处的人很多,但是这世界那么多人,能够遇见的就是缘分啊。"

是啊,尚且不说全世界那么大,就说全中国吧,有十多亿人,能够遇见你们真是我最大的幸运。

闺密又说:"照你这么想,你的理想就是成为一个作家喽?我的理想很小,就是以后能努力赚钱在沿海地区买一幢别墅。然后等你来我这玩的时候就可以坐在门口喝着茶看无边无际的大海,啧啧,多惬意呀。"语气中带着憧憬,虽然只隔着一个屏幕,但是我却能想象出她在屏幕那头说得眉飞色舞、手舞足蹈。

我却突然心有点儿慌,没错,我的理想确实是成为一个作家,可是我都已经十五岁了,距理想还差那么远。如果不能成为作家,我还能干什么?突然觉得我好像什么也不会,只会空想那些不切实际的事。好像除了文字,我就没有喜欢的事情了。

我突然对那个叫未来的词语产生了深深地恐惧。

深深吸了一口有着雨后泥土和被雨打落的某种花的香气混合的味道的空气,抬头看了眼天空,想从那纯净的蓝色中寻找一丝慰藉,却发现大部分天空不知什么时候已悄悄爬满了乌云。

2

这次期末考的成绩惨不忍睹,偏科严重到语文有多好数学就有多糟糕,我语文班里是第二名,和第一名仅两分之差。

告诉家里人后,他们的第一件事就是说我:"叫你不要把心思花在写文章这件事上你偏不听,现在好了,考成这样你满意了?写的那些文章又有哪篇发表了?"

我被说得无言以对,就算忍不住争辩一句,他们也能说出十句让我抬不起头的话,到头来闹得彼此都不愉快,所以我也懒得反驳。

我想,在他们眼里,我做什么都是错的,殊不知,他们口中的不值一提的文字,却令我莫名心安。

和父母去他们打工租住的小屋子里,某天晚上我在用手机写稿子的时候,妈妈忽然就爆发了,她说:"你才读初一成绩就这么烂,还总玩手机,你还想不想上大学了?像你这样的,我看九年义务教育读完后就出来帮我打工好了。不要说我不让你读,是你自己要放弃的。真是搞不懂你,为什么小学成绩与现在是天壤之别?你以前可以,现在为什么倒退成这样?反正该说的我都说了,你自己想想吧!"

我听完后沉默了好久。我承认,虽然早料到父母会那么说,但是当听到他们亲口说的时候,还是会心烦意乱。

脑袋中好像有一个小小的人儿在不停地说,不,我还小不想这么快就踏入社会,我不想给别人打一辈子的工累死累活还挣不够可以生活的钱。

有那么一瞬间,我真的很绝望,但是我还有梦想啊,还有如同伯牙子期的知己呀,还有这世界那么多美好的景物,我怎么能绝望呢?

正如妈妈说的那样,我以前可以,现在为什么不行?现在觉悟应该还为时不晚吧。我仔细分析了下我考砸的科目的原因,并制定了学习计划和目标。我跟妈妈说我下学期的目标是五百分。

妈妈一笑而过,说:"不可能,你这次还不满三百分吧?怎么可能一下就提高那么多?这潮州最好的学校我不指望你能考得上,但是你必须努力考个华侨中学,那学校虽然不是最好的,但考上好大学的概率和最好的学校差不多。"

我也不小了,这些事我都懂,也下定了决心。

但是,妈妈一个小小的举动,又令我感到羞愧难当但也让我更加坚定了想要努力的决心。

那天中午,我正准备洗碗,忽然来了一个客人,带着一个看着比我小的男生。厨房与客厅的隔音效果不是很好,所以他们说什么我都听得一清二楚。

只听到那个客人在说她女儿这不好那不好,其实你们都懂的，某些大人在别人面前说自己孩子的缺点其实就是一种变相的炫耀。

　　妈妈听了这些话的表情我是没看见，要是我在场，她眼睛中的火估计能把我烧成一堆灰烬。只听到妈妈说："哎呀你家孩子好厉害哦。"话语中带着深深的羡慕。听到这话的我真的很羞愧，是我的不争气让她在朋友面前抬不起头。可她接下来的话，足以把我打入万丈深渊。妈妈说："我家这位啊这次期末只考了不到三百分，还扬言说下学期要考五百分呢，这怎么可能嘛。真是异想天开。"妈，我知道我让你很失望，但是你也不用在这么多人面前说我吧？我也有自尊的好吗？

　　你说不可能，我偏要证明给你看。也让你有炫耀的资本！

　　从小教过我的老师都说我好胜心强，也很倔强，我也不知道是该高兴还是烦恼。

　　所以我现在也相信，曾经失去的，我会一点儿一点儿地赢回来！

我相信我们都能够始终温柔

舟可温

南风过境的天气,好像一切都不是特别美好。地板永远都是湿漉漉的;书本也会微潮,边角卷起来,得拿东西压着;衣服晒了好几天,一摸,黏腻得跟刚洗没有什么两样。而更让人抓狂的是,我觉得自己似乎到了一个自我厌烦期,夹带着烦躁和失眠,极度敏感,不喜欢自己,也不太看得起自己。

退学以后,我已经很少再去想起过去的事情了,任由它们在脑海里渐渐被淡忘。我不记事,无论当时有多开心或愤怒,过了几天被别的事淹没,自然就忘了。我也不知道这是好是坏,不过它论证了一点——我这个人啊,记性不太好。

最难挨的时候应该是夜晚,四周一片漆黑,安静得能听到很远以外的高速路上大货车驶过的声音。路灯的光辉透过窗户浅浅地洒在地上,黑暗里听得见自己极力隐忍的哽咽。脑海里那个戴着眼镜的老师挥之不去,他两只手撑在讲台上,语重心长地说:"你真的还想继续读吗?"

"要不然我把学费退给你,你回去吧,啊?"

整个教室都是寂静的。那一瞬间,我愣住了,脑子不知道转了几个弯,才想起要给自己争取机会。我涨红了脸,许多话语不断在喉咙里翻滚,最后说出来的话竟词不达意,劈头盖脸的绝望和无助随之而来。

最后还是被他盖棺定论,就这样决定了。你因为身体原因给同学带去了许多困扰,中考成绩也不怎么样,我不想接收你,你回去吧。

那是开学的第一天。

如是,那所学校是我最后的希望。

离开教室,好像行尸走肉,从语文课本第一课的内容想到邻居家的兔子,回过神儿来泪水已经糊了满脸,可是还必须努力克制,抬头望天,不能哭啊,被人看见多丢脸啊,一颗心却不断地往下坠。这里的一切都是那么的熟悉,可是又忽然觉得好陌生,好像身处寒冬,冷得无以复加。

那么深切的无助,被拒绝的悲怆,被践踏的尊严,自那一天便被深深地埋葬在了心底最深处,父母亲戚好友问起时,不过以人太少,读得没意思作为借口,然后以他们恨铁不成钢、鄙夷或可惜的目光作为结尾。

也许就是在那段时间我忽然明白，人们独善其身，每个人都有自己的难处，锦上添花是一种美德，雪中送炭就不要那么期待了。

可是还是那样的不甘心，不甘心自己当初的放纵无所谓，不甘心没有伶牙俐齿地回击回去，更不甘心自己居然就这么被放弃了。我跑回了奶奶家，其实我什么都懂，什么都清楚，如今的难过拜当初的不努力所赐，并没有埋怨的资格。可是心里的难过悲哀还是日益加深，就像给自己画了一个牢，别人看不到，我走不出去。

远在千里之外的那个女孩儿坚持要给我寄她所在城市的小吃，收到时我有些震惊，因为都是熟食，她怕坏掉用了真空包装，在每一份上面详细写清楚了吃法。手写的字体圆圆的，温暖猝不及防。

表妹大快朵颐的时候问我："谁寄的呀？这么好。"

"朋友……"说出这两个字时一股暖流淌过，麻木的心久违的重重跳动，"她真的很好。"

这个女孩儿，我喊她阿粥，经常发自拍、发美食、发心灵鸡汤，很自恋，天天嚷嚷着要减肥。和她认识了蛮久，却素未谋面，但我潜意识里觉得她一定是个很……二的女孩儿。因为不会有人在我道谢的时候蹦出来一句：我特别羡慕你有一个我这样善良的朋友！以后写文的时候一定要把我写进去！我这么漂亮。

莫名地，我特别喜欢这样的自信。

面对她，我有一种安心，她是那种在知道你的不堪后，没有怜悯，不会远离，如从前那样对你好，在你深陷泥潭时不离不弃的朋友。就好像独木舟说的，她是闺密，而你是知己。

夏末到寒冬，九月至十二月，接近一百天的浑噩，我从没有想过会有被发现的可能。

和在一中的挚友打电话，忽然提到了那个老师，语气小心翼翼，原来她从以前的同学那里得知了原委，我有些失措，就像被撞见了难堪。挂断电话，却收到她发来的QQ消息：就算全世界都背叛你，我也会和你站在一起。附上一个龇牙的表情。

无比的温情。

那一刻我忽然很想大哭一场，我曾一度埋怨命运的不公平，怨憎那个老师的古板苛刻，不理解为什么他们不愿意接受我，不明白为什么会走到这一步，觉得全世界都欠我的。

可是她忽然让我明白，虽然她没有办法为我抵挡兜头而来的风霜刀剑，可是她会一直矢志不渝地站在我身边帮忙分担。

陪伴真是这世界上最温暖最了不起的安慰方式。

蒙蒙细雨中白墙黑瓦的民居里的烟囱升起袅袅炊烟，枯萎的植物，清晨覆盖了屋顶的皑皑白霜，以及光秃秃的树枝枝杈，都饱含着萧瑟和凄婉。这么冷的天气，其实真的没什么好看的，风还大。

只有我这种矫情到神经质的人才会觉得惬意和放松，好像一点点走出了自己给自己画的牢笼。

应该是走在春风里忽然福至心灵想到他说的一句话时彻底释然的，那时我逃到这里当乌龟，他知道后戏谑着说，浪够了就回来啊。我一直没有回复，我知道他是在安慰，在纵容我这个无可救药的神经病。后面看到他又发了一句，你不要想太多，每个人走的路都是不一样的。

到底是要一直无病呻吟"作"下去，还是笑笑站起来从容地走下去？

已不再憎恨，不再抱怨，不再萎靡。时间渐渐替我放下了这份负重累累的不甘心，虽然现在写出来还是有淡淡的难过，可斗志和力量却是爆表的。

我问自己，"作"得差不多了吧？

表妹拿着我的手机在看孙红雷主演的《少年班》，一会儿笑一会儿叹气，片尾曲响起，是S.H.E的《你曾是少年》。她们的声线缱绻温柔，唱着：相信爱会永恒，相信每个陌生人，相信你会成为你想成为的人。

我浑身一僵，觉得灵魂好像为之一振。

同学掀翻桌子来表达对我的不满，地上一片狼藉的那一幕，还是在脑海里挥之不去。也许独自消化痛苦需要一段很漫长的时间，可当雨过天晴，久违的阳光倾洒在白墙上时，是那样的温柔。

我还没有沉浸在痛苦难过里，自暴自弃到打算放弃未来。

那些莫名其妙的针锋相对，那些无法抵抗的汹涌恶意，我也还没有找到应对的方法，可是每个人都有那么一点点不完美，不可避免，除了勇敢地面对，总不能永远都走在逃避的路上，那样好累啊！

我相信我们都能够始终温柔，毕竟何其幸运，年少时遇到了一些温暖又善良的人。

山风和云海,不曾相爱

莞 尔

1

我遇到阮晓的时候,她背着旅行包,穿着小皮靴,一副文艺青年的洒脱模样。我们一同对旅行社的服务嗤之以鼻,发现彼此都喜欢陈粒的歌之后更是相见恨晚。

当得知她从小品学兼优,现在是北京某大学的学生之后,我对她十分敬畏。我问她:"你在上海的同学不准备接待一下这位大学霸?"

她笑:"好不容易来一次,自然是要大宰老同学一顿。"

"你准备吃什么?"

"火锅。"她答。

阮晓看到我吃惊的表情后，告诉我说她选择吃火锅是为了曾经的约定。我说："等等！你是要给我讲凄美的校园爱情故事？"她露出成熟又无奈的笑容说："是个故事，但在我看来，它无关爱情。"

我们坐在江边，风吹乱了阮晓中长的卷发，在这个静谧的傍晚时分，阮晓向我讲述了她自己。

2

阮晓。

如果在当初的校园里，你向任何一个人提到这个名字，大家都会十分熟悉。描述大概如下：大学霸一只，琴棋书画貌似都精通的完美主义者，就是……

就是颜值不够高啊。

阮晓不是普通的学霸。她在班里和每个人都打得火热，人缘绝顶好，以至于她在最后以票数的绝对优势当选为省三好学生。讲到这里，她不禁吐槽道："我哪里三好了？整天喜欢不务正业地写小说，作为一个理科女抱着三毛林徽因张爱玲甚至莎士比亚看个没完。夸我不早恋，那是因为我丑啊！"

她无奈地向我摊摊手，说自己读书时头发比男生的都狂躁，噘嘴的表情异常可爱。

话虽如此，阮晓除了写文章和读书的爱好，剩下的时间也都留给学习了。她不追星，不逛街，事实上除了身份证上的性别写着"女"之外，所有小女生喜欢的事情她都不屑一顾。这种独特的定位让阮晓成绩一直名列前茅，以一个根红苗正的好少年姿态，愉快地健康成长在祖国妈妈的怀抱里。

然而，十七岁的阮晓却变了。

一直以绝对理性自居的她，在青春的美好年华里，突然发现镜子里自己的脸部线条变得柔和起来，突然发现自己的皮肤好得不可思议，突然开始在意自己的发型，突然开始注意班里的某某，突然和经常打打闹闹的男生有了清晰的距离感。就像是倒下的多米诺骨牌，倒下第一张，便一发不可收拾。阮晓坚硬的内心慢慢变得柔软，她也开始了属于她的伤春悲秋的绿色岁月。

而这部年代剧的主角是她口中那个神一般的存在。在阮晓的描述中，余天宇是个理科神，同时也是颜值也不错的殿堂级人物。

但是，对于阮晓来说，这些都是次要的，最重要的是他们两个人之间的心有灵犀。记忆里的余天宇会一笔一画地写下完美的步骤为阮晓讲解不懂的习题，会和阮晓因为一个化学方程式吵得不可开交又微笑释怀，会在讨论有趣的话题时轻扯阮晓的衣袖，会在一起打饭时把剩下的唯一一勺饭菜让给阮晓。

我不禁插嘴道："多么完美的一个人！就像是童话里

的白马王子啊！他有没有白衬衫啊？"

阮晓说："有的，并且上面沾满了白色的粉笔末呢。"说罢，她自己痴痴地笑了起来，小酒窝在发迹间一闪一闪的。

3

就像阮晓的男神是余天宇一样，余天宇也有女神，而这位女神的身份就十分特殊了。她是阮晓和余天宇的物理老师，阿骊。

阿骊比这些学生们大四岁，上课激情满怀，下课更是对于学生们爱护有加，主要体现在她发卷子的张数上。人们自始至终都不知道阿骊究竟好在哪里，竟然能让学神余天宇为其折腰。议论纷纷过后，余天宇仍然喜欢着阿骊，并且坚持不懈地每天刷着物理竞赛题，等待着阿骊的微笑。

只有阮晓明白，余天宇如此爱阿骊，不是爱情，而是一种对母亲的依恋。余天宇曾经对阮晓说过："哎，阿骊与我母亲年轻的时候好像啊。"

余天宇愿意在深夜画着一张张受力分析图，愿意看着粒子飞过磁场与电场，划出青春的轨迹，愿意看光反射折射照在自己头发上，白了少年头，愿意用此换取阿骊一个微笑，一句赞扬。黑夜里，余天宇第一次对阮晓吐露心声,他第一次红了眼睛,"这些微笑与赞扬,我没有机会听到我的母亲亲口对我说。"

而阮晓愿意用熬夜奋战换取余天宇的不孤独,愿意用自己的无畏与坚毅与物理拼个你死我活,以此换取余天宇的暖暖微笑。

我问阮晓:"那时的你肯定喜欢余天宇吧?"

阮晓摇摇头又点点头,又更加剧烈地摇了摇头,她说:"我当时真的没有想过。这一切活动都仿佛进行得太过于自然,就像是下意识的,多年后,我时不时会审视当年的自己,那种奇怪的感觉我本以为很复杂的,现在发现就是喜欢,单纯的喜欢,而已。"

沉浸在竞赛题海的阮晓没有注意到自己状态的异样,小测试成绩的下滑并没有给这个单纯的少女以警示。而她的朋友阿千却是看在眼里。

阮晓为了余天宇丧心病狂地追求题目的难度,而忽略了基础。排名差距的拉大,让阮晓在余天宇面前异常自卑。而恰巧班里流言四起,又一次奇妙的契合,但不是美好的心有灵犀,而是阮晓和余天宇用同样的举动疏远着彼此。

稍微往后挪动一下身体,往左扭一下头,用余光瞟一下教室的另一侧的余天宇,很长时间这一直是阮晓的经典动作。那时,坐在后面的阿千在阮晓凝望之时,会带着狡黠的微笑一同望去,然后被阮晓的拳头砸得嗷嗷乱叫。

阮晓再也不会一遍遍地重复望向余天宇的动作了。

而阿千,却一直对阮晓笑着。

4

阿千开始对阮晓进行思想批判及教育,用"竞赛能当饭吃吗""高考考竞赛吗""物理竞赛那么变态你竟然学得下去""你是被青春期蒙蔽了双眼了吧""你那猪脑子学什么竞赛"种种毒舌话语阻止阮晓学竞赛。最后又摆出了阮晓近期测试成绩,语重心长地说:"基础要紧啊。"

阮晓看着面前的少年突然正经起来的样子,扑哧一下笑出了声,又翻了个白眼说:"论据不够有力,差评!"

阿千露出无辜的表情说:"亲,不要这样啊。"

我问阮晓阿千是个怎样的人。阮晓耸了耸肩,用嗔怪的语气说:"他呀,是个差劲的人喽。"

在阿千的神奇预言下,阮晓的期末考试成绩因为化学生物的阵亡而一落千丈,阮晓哭着骂阿千:"你没事诅咒我干吗?!"

阿千看到阮晓脸上遍布眼泪,手忙脚乱地拿了一张草纸递给她说:"阮晓阮晓你别哭。你本来就丑,哭了更丑啊。"

阮晓想了想觉得挺有道理,便不再哭了。阿千用手轻轻在阮晓嘴边一挑,想要制造一个微笑,却发现苦笑的阮晓让人无法直视。阿千无奈地叹气说："阮妹妹，没关系。哥哥带你驰骋在化生战场。放下你的物理竞赛，我保你立地成佛。"

阮晓把自己的物理竞赛书交给了阿千，说："可是，我放不下他。"

我望着阮晓，她说："我每每回忆到我们生命中出现的这些男孩子，我都觉得三生有幸。他们存在于我的脑海里，都是美好的模样。那时我觉得自己喜欢余天宇，其实就是习惯了他的温存，以至于他的离开让我不知所措。后来，我们三个一起哭一起笑的时候，那种奇妙的感觉在我不经意间就烟消云散了。"

5

阮晓说，阿千是个很妙的人。

阮晓给阿千倾诉自己的心事，阿千就像她的垃圾桶。

阮晓在生物的遗传与变异中纠缠，阿千就像是一剂良药。

阮晓在化学方程式中纠结，阿千就像是正催化剂。

不久后，阮晓就发现阿千和余天宇成了勾肩搭背的好兄弟。阿千自然而然地把阮晓也列入兄弟名单之内，并且不断在余天宇面前揭露阮晓的短处，让阮晓恨得咬牙切齿。

在余天宇面前，阮晓可谓是丢足了面子。

不过，由于阿千的参与，阮晓和余天宇的关系也恢复了正常。余天宇仍然在刷着物理竞赛，并且也获得了大大小小的奖项。阮晓的名字再次排在了前几名的位置。

阿千拿出阮晓的物理竞赛书，问："你想要吗？"

阮晓出人意料地摆摆手道："算啦！"

这个举动让阿千瞠目结舌，甚至怀疑阮晓精神方面出了问题，然而嘘寒问暖很久，发现阮晓依然是三观不正不偏、心态乐观积极的好少年。

三个人一直坚持着晚自习放学后仍然继续学习四十五分钟，一起骂上一年的高考压轴题答案有多坑爹，一起笑阿千的字有多丑。有时候会不务正业，一起打开地理书在上海地图上勾勾画画，然后说："一定要努力啊，等回来我们要在上海一起吃火锅呢。"

阮晓说："阿千不吃辣。"

当时的他们，觉得火锅是绝世美味。三个人在理科苦海里遨游，每天祈求在食堂买到美味佳肴，学霸外表下藏着一颗吃货的心，但也只能天天啃着馅少得可怜的馅饼。

阿千说："阮晓阮晓，学校的饭竟然也能把你养得珠圆玉润耶！"

阮晓说："说人话。"

"你又胖了！"阿千说罢，躲在了余天宇身后。

阮晓跺跺脚："余天宇！你要是不帮我，我就不帮你给阿骊策划生日惊喜了！"

余天宇连忙拜服在阮晓脚下。

结果，阿骊生日那天，三个人忙活了一个早自习。阮晓用自己为此练了许久的特殊艺术字体写下了余天宇的祝福语，并且在下面署了余天宇的名字。余天宇看了之后，赶紧擦掉了，后来又悄悄地写了自己的姓：余。

阿骊的课是第一节。在大家兴奋等待之余，阿千用手肘碰了碰笑得花枝乱颤的阮晓，说："你真的甘心为他做这些？他可是你男神啊。"

阮晓拍了拍阿千的肩说："早就不是啦！我喜欢的人早就不是他了。"

阿千愣住了。这个总是爱笑的男孩儿第一次脸红了，他第一次如此用心地看着阮晓的面孔，突然发现自己经常调侃的阮晓眉间有一颗小小的美人痣，突然发现她的皮肤是那样白皙，突然发现她笑起来的时候是那样美。

美。

他被自己的头脑风暴吓了一跳，咳嗽了两声，说："阮晓之宽容，兄弟拜服。"

上课铃声打响了，阿骊却迟迟没有出现。当得知她前两天查出乳腺癌的时候，余天宇跑到讲台上将准备好的板画飞速擦掉。他用力地擦着，白色的粉末落在他特意穿的白色衬衫上，将他笼罩在悲伤的氛围中。他跑下讲台的时候，阮晓看见了他发红的眼眶。

他说他清晰地感受到了阿骊的痛。

6

我说:"哎,学神真的不一般啊。别人青春的主角是恋人,他的主角是他妈。"

阮晓说:"其实我认为,那才是爱。"

在全世界都觉得不可能的时候,我在追逐你。我愿意付出无限的代价换取你一个阳光的微笑,纵使天下人都阻挠我也不会因此改变。爱不是喜欢,不会随着岁月、心态、角度的改变而改变。喜欢就算再深也是两个灵魂,再用力的喜欢也是一个灵魂对另一个灵魂的真诚呼唤,而爱,是一个人。

多么美好的故事啊。

年少的余天宇爱阿骊。

年少的阮晓喜欢过余天宇。

年少的阿千暗恋阮晓。

他们都愿意用一腔热血换取心目中的他或她一个暖暖的微笑,他们能用一个简单朴素的"火锅之约"延续着青春的不灭童话。

阮晓后来才知道,阿千告诉过余天宇:"我不希望阮晓受伤,我喜欢看她傻笑而不是流泪。所以,我们做朋友吧。"阿千还说:"阮晓其实挺好看的。"人们捉摸不透这些少年的心理,大概只有这样的玩笑才能让当时的他们保持着安全的距离，一起走向未来。这些出自于真心的行动不需要解释。

高考过后，阮晓意外通过了北京某大学的自主招生考试，成绩稳拿她想要报考的专业。人人都知道阮晓有个"上海梦"，父母老师告诉她说："你自己决定吧，你开心就好。"

我问阮晓："你是不是当时特纠结？"

阮晓第N次露出成熟的微笑，说："我只用了五分钟就作了决定。"

"那你的火锅之约呢？"

她没有回答我的问题，而是继续讲述着："我给阿千、余天宇看了我的录取通知书后，他们什么也没说。"

阮晓在机场与阿千和余天宇告别。

余天宇说他去医院看望了阿骊，并且两个人聊了很久，阮晓说恭喜恭喜。阿千在一旁一改往日话痨的习惯，阮晓发现了他的异样，走过去打趣道："中学的时候一大堆女生都在暗恋你呀，赶紧找一个吧，青春等着你去挥霍呢。"

阿千望着阮晓，两个人第一次勇敢地与对方对视。

"挺好看的。"

"嗯？"

"其实你长得挺好看的，尤其是你笑的时候。"

我追问阮晓她是怎样回答的，她说她没有回答。听到航班的消息，她与同学们匆促说了再见，就再也没有回头。

我说:"阮晓,你傻啊。你别以为我看不出来你喜欢阿千,那么好的机会……啧啧啧,你智商那么高,情商怎么那么低?"

"我的生命出现过很多个男孩子,他们个性不同,风格迥异。他们有的教会我付出,有的教会我去接受,有的教会我去拒绝。他们带领我发现一个又一个新世界,让我变成了今天的阮晓。我非常开心的是最后我们没有在一起。星星只有站在我们这里看才会闪,喜欢在暧昧中才美好。一旦雾霭散去,喜欢暴露在空气中倒显得单薄可笑。即使没有其他的干扰,我照样会选择对阿千沉默,对余天宇逃避。我想留住他们在青春中的美好样子,不论岁月如何蹉跎,他们在我心目中永远是少年的模样。我们的火锅之约从没有泯灭过。"

胡琴咿咿呀呀地拉着,在万盏灯的夜晚,拉过来又拉过去,说不尽的青春故事,到处都是传奇,却难有圆满的收场。

阮晓拍了拍屁股上的尘土,站起身来,笑容异常美丽。

她说:"你听!"

"你知道我的梦／你知道我的痛／你知道我们感受都相同／就算有再大的风／也挡不住勇敢的冲动……"

在那个慵懒的午后,大家一同哼唱着歌曲。阮晓回头瞧阿千陶醉其中的模样,阳光洒在他闭着的眼睛上,可爱一如往常。那一回头,阮晓的笑容刻在脸上,就再也没有离开过。

把梦做得人木三分

咸泡饭

锅巴同学是我的好朋友。我们能走到一起并且这么要好,是由于彼此有共同的兴趣。因为臭味相投,所以惺惺相惜,一切顺理成章。

"我不骗自己,我不是人才,长久的反应是白痴,然而智慧却在不自觉中反常地增强了。"这是锅巴同学闲到发慌时随意写在稿纸上的一句话,写的时候完全出于无心,却是神来的一笔。后来我无意中看见,眼睛一亮,觉得这句话从内容到表达形式都颇具后现代主义的某些元素,遂加传阅,终被奉为锅巴同学的经典名言。

开学的第一次班会,我在班上寻找会打篮球的人,文科班的男生本来就寥寥无几,问了几个人都摇摇头告诉我"不会"。那时候好担心高中三年不要连个会打球的搭档都找不到,若果真如此,岂不成了孤家寡人悲哀死啊!好在锅巴同学说:"会,会的。"口气坚决,我喜欢。

军训时锅巴同学当排头兵,那时跟他还不熟,就看见他高高瘦瘦,踢起正步来一本正经的。那时我在想:这厮玩起球来会是什么样子?后来亲眼瞧见了,模样惨不忍睹。他却大言不惭地说:"领导和群众都夸我好球技呢!"我呕血。

后来我和锅巴同学基本上属于形影不离。在一起的时候经常你一言我一语地吹牛,越吹越没谱。锅巴同学说:"还记得十五年前那个夜晚吗?一千个人围着你砍,要不是我把你从人堆里拖出来,你有今天吗?"锅巴同学说:"群众都说我是型男(典型的男人),其实我也这么认为。"锅巴同学说:"我的投篮技术已经达到了炉火纯青的地步,想不进就不进。"有次我俩一时兴起,把平日的"牛言牛语"汇集成册,题为"新论语",寄给了《笑话大王》,录用结果不得而知。

没事的时候,锅巴同学喜欢涂鸦。年轻人嘛,血气方刚的,就喜欢写诗。锅巴同学也有一本诗集,是手抄本,我看过,写得不怎么样。他说自己进高中后才开始动笔,起步晚,底子薄,所以写得不好不要见笑。我当然要笑,你说不笑我就不笑啦,这么差的东西自己留着看也就罢了,干吗要让别人看见!

好在锅巴就是锅巴,依然如故,执迷不悟,孜孜不倦地继续他的涂鸦。后来出了成果,在校报上发表了一首

"处女诗"，还拿了十元稿费。他大受鼓舞，于是越陷越深，并且由此产生了一个错觉：天下文章就他写得最好了。他好几次痛心疾首地感叹道："人心日下，世道不古，铺天盖地的风花雪月，那些有骨头的好文章哪里去了？"我说："锅巴同学，你不要抱怨了，时代在前进，你的那一套落后了。"锅巴同学一脸庄重、义正词严地说："我搞的是正统文学。"后来锅巴同学开窍了，也搞搞垃圾文学，他对我说："我要为某某青春杂志量身炮制一篇东西。"呵呵，看来锅巴同学也是凡人。

锅巴同学爱书，而且爱的是文学书，他是我遇到的真正喜欢文字的人。锅巴同学有自己的理想，他把理想放在可望可即的地方，一步一步走过来，所以当他微笑着站上领奖台的时候，我一点儿也不感到惊讶。有一个理想，能够为理想活着，多么幸福。

有一年寒假，我和锅巴同学结伴去皖南山区，在那里见到白雪覆盖的群山。那么多的山，绵延起伏，一直延伸到天际，山上又长出山，一座一座与白云结伴。置身于那样的环境之中，再懦怯的人也会心生"一览众山小"的豪情。阳光照在皑皑的积雪上，折射出一片五彩缤纷的云霞。锅巴同学驾着五色云彩想要乘风归去，从此遁世不再回来。他叹了一口气，无限眷恋无限惋惜地说："于此搭草舍一间，每日饮风餐雪，可了余生。"听他的口气，俨然得道高人，一副参透人世看破红尘的样子。

锅巴同学说自己要像古人一样"永忆江湖归白发，欲回天地入扁舟"。先干一番事业，而且是人文的事业，功成名就之后，找一个面朝大海、春暖花开的地方，搭一间小屋，墙不在乎高，遮风避雨就行；室不在乎大，安身立命即可；庭院可以不深深，一树黛色，可栖宿鸟；两亩方田，可资躬耕；三杯淡酒，可观月色；四株芭蕉，可听雨声。养一两只鹤，栽三四株桃，过神仙的日子。我觉得锅巴同学古诗词背多了，有点儿走火入魔。都大踏步跨入新世纪了，他还在封建时代徘徊，尽想一些遥不可及的东西。

锅巴同学却有自己的看法，他说那叫"心灵的家园"，心，也要有个栖息之地，心安顿下来了，人才算不漂泊。凡·高把他的心给了绘画，海子把心给了诗歌，他们虽然生得不一定快乐，却都是灵魂富裕的人，从这个层面来说，他们是幸福的。大家寻寻觅觅、忙忙碌碌，好像是在做事，好像是在挣钱，其实是在寻找心的家园。一个人走远，不过是为了离自己近些。

锅巴同学的解释我不是很懂，但隐约觉得有些道理。后来锅巴同学捧着奖杯冲我微笑的时候，我终于明白，原来他一直都在寻找，寻找心灵的寄托之所。锅巴同学就是在石头里埋下种子的孩子，执着于理想。他在想象的刀光剑影中听见血涌的声音，并起立歌唱。

我看见锅巴同学在静静的午夜点着蜡烛阅读卢梭、尼采,徜徉于唐诗宋词氤氲而成的幻境,做着红泥小火炉、对饮至天明的梦。梦里铁马冰河、海天空阔。在梦里泅渡的人,已经不在乎梦醒时分自己搁浅在哪里了,因为结果已然不重要,竭尽全力而诚实地生活才是生存的唯一要义。

就像锅巴同学在一首诗里写的:

谁会是那粗心的马蹄,
踏着得意的春风,
惊扰我素面朝天的凝眸。
即使无望也要把梦做得入木三分,
因为走过,拥有一季的容颜,
爱满天星宿,此生幸福。

不完美的小世界

软柿子

二愣子精神是打小就有的

叶双双听她妈妈说,她上一年级的第一天就给老师留下了坏印象。

据说是叶双双在班主任立规矩的时候老晃她的新水瓶玩,老师说了她一次,她依旧管不住自己的手。

没有规矩,不成方圆。老师恼羞成怒地将她的水瓶扔到了门外,生气的同时也存在着杀鸡儆猴的意思。

但她没想到这鸡居然还会反抗,一时间竟没杀成。

叶双双看了她一眼,没看出后者眼里的警告,屁颠屁颠地跑离座位,将水瓶又捡了回来。

老师脸色发黑,抓起瓶子第二次扔了出去。

叶双双又小跑着捡回来。

老师第三次扔出去,这次她的脸色阴沉得能滴出水来,她一字一顿地警告叶双双:"你再去捡瓶子,就不要回来了!"

叶双双刚抬起来的屁股又重新接触到了凳子,她安静地端坐了一节课。

下课铃一响,她立刻起身,小跑着把瓶子捡回来继续晃。

老师抱着书面无表情地从叶双双身旁走过。一个叶双双就如此极品,学生的性格也多是半斤八两,于是这个老师兼班主任在叶双双三年级的时候,真正地炸了……学校只得重新安排过来一个新班主任,姓齐。

叶双双是三年级时得到中队长的红杠牌儿的,高兴了一阵也就不知道把牌子扔到哪里去了,直到四年级下学期的某一天,她才偶然从房间的柜角发现了牌子。她挺高兴地将牌子别在了袖子上。

别了牌子的晚上,她因为放学后在学校逗留打羽毛球,被齐老师没收了羽毛球拍。

那时候一副羽毛球拍的钱对叶双双来说简直是天价,她不敢告诉父母,只能自己害怕地躲起来悄悄地哭。

第二天的早上,她在早读时被齐老师叫到办公室。齐老师冷着脸,从柜子中抽出叶双双的羽毛球拍,下一秒将它重重地甩到桌子上,发出巨大的声响。叶双双被吓得瑟缩了一下身子,偷偷地看了眼自己的球拍,低下头不说话……

齐老师冷笑一声,用很不客气的话语直白地说:"我知道你对我没收你球拍这件事不满,你也别整这不理我的事。不过你这样我也看着难受,你既然对我不满,那你可以转班啊。别整这档子事,拿走你的球拍吧,如果你对我不满,那就跟家长说一下赶紧转班。行了,走吧。"抢白的话语接连甩出,说完最后一个字,齐老师拿上包打算走人,却在走之前看到了叶双双手臂上挂着的中队长牌。

"呦,你还有这个呢。"齐老师轻蔑地笑了一下,"你配戴这个吗?"

她将红牌儿从叶双双的手臂上取下来,随手扔到了桌子上,"你走吧。"

从头到尾没说一个字的叶双双抓起羽毛球拍走出了办公室,她故作坚强地昂首挺胸走到了一个没人会发现的角落,慢慢地蹲下来。泪水止不住地滚落,委屈,难受……

又过了两年,叶双双升到小学五年级,因为一件事被齐老师叫去谈话。齐老师扬着隐有嘲讽意味的笑容,貌似随意地提起了往事:"你还记得我没收了你的羽毛球拍吗?"

叶双双掀了掀眼皮,显出一丝茫然的神色。接着,她皱起眉思索了一阵,终于露出个恍然的笑。

"您还记得呢?我早忘了。"叶双双的脸上维持着不卑不亢的笑容，心中感慨万分。陈芝麻烂谷子的事情，怎么会有人老记得呢，真是记仇啊，怪不得自己和齐老师不合拍。

叶双双从来不记仇，今天和人吵架，睡一觉起来继续和那人该玩玩，该闹闹。这样才不会活在以往的仇恨中。

过去的事随风而去，她活在当下。

虚荣看起来应该是人的天性

平心而论，叶双双长得不美也不丑。

她的眼皮有点儿内双，不笑的时候显眼小，笑的时候会弯成月牙，眼尾还微微上翘；鼻子不算高挺，但也能看；嘴唇不薄不厚，有两颗小虎牙。不丑，学习中等偏上。

按理说，在这个全民早熟的新世纪，她早该有个男朋友了。

确实，她在六年级的时候有过一个小男友。

都是小孩子，彼此之间也不会有什么过火的行为，就连拉拉手也不曾，只是向班里公布关系的时候，小男友送了她根情侣笔。

他们也没好多长时间，大约一个月就分了。

分手的原因叶双双多年后还记得，那是因为那年冬天，妈妈怕她被冻着，来学校接她回家。

夜晚的路灯昏暗，却仍能照亮落下的雪花。妈妈骑着电动三轮，载着被羽绒服和厚围巾包裹的叶双双回家。人行道上挤满了放学回家的学生们。叶双双在被妈妈裹围巾时，隔着几个人，和自己的小男友对上了视线，她确信自己清楚地看到了小男友眼中的惊讶。

惊讶什么呢？叶双双爬上三轮车，乖乖坐好。她自嘲地躲在围巾后笑笑，没有再看他。妈妈和她说着什么，但她完全不想搭理。

被他发现了自己拼命掩饰的一切。叶双双心中对妈妈是有怨恨的——为什么要来呢，为什么要骑着三轮车？为什么自己不是富人家的孩子呢？

第二天，叶双双主动疏远了小男友。小男友也没有问为什么，他们像心有灵犀一样避开了对方。

于是叶双双的初恋就这么结束了。在日复一日的学习生活中，她升了初中，她依然虚荣。

初中的同学们都有手机，当他们问她"你有手机吗"的时候，叶双双总是会云淡风轻地笑着。

"有啊，但是我控制不了自己，所以我妈妈不让我带。"

当同学们运动会带大包薯片、昂贵的巧克力时，她吃着从食堂买来的便宜饼干，笑着说："我这个星期忘了多带点儿钱，只能吃这个了。"

她展现给同学们一个漂亮的假象，像零点前的灰姑娘混迹在达官贵人中一样，小心翼翼，又快乐无比。

说实话她也害怕被人再次戳穿，可这样的生活，她挺享受。

别人似乎永远过得比自己好

叶双双有个朋友，叫赵悦。

她们是小学同学、初中同学，还是高中同学。

赵悦看起来永远是一副没心没肺的样子，快乐得像一只无忧无虑的小鸟，整天叽叽喳喳说个不停。

初中，叶双双在重点班，赵悦在普通班。

可能是学习氛围确实不一样，赵悦开始变得有些忧郁，有时还会向叶双双抱怨一些班里的事。例如不知道是谁恶作剧剪断了班里的网线，老师很过分地骂全班啦；小组里没有人认真听课，她这个组长有连带责任啦等等。每当这个时候，叶双双就会皱起眉，搂着赵悦的肩膀，轻声安慰，说一些不痛不痒的话。

她的脸上是淡淡的担忧，完美的表情无懈可击，她恰到好处地扮演着赵悦贴心好友的角色。但她心中却是快乐的。阴暗而隐秘的快乐，生长在潮湿狭隘的角落；深藏于心中的嫉妒，落根开花又结果。

叶双双是嫉妒赵悦的。赵悦的学习成绩比她好，人缘比她好，家境比她好。尤其是赵悦天天都挂着大大的笑容,那笑容灿烂得快要灼伤叶双双的眼睛。

叶双双每天都是不快乐的,因为她没有得到她想要的,她觉得没有得到,自己就一无所有。她对自己毫不费力就能得到的东西一点儿也不珍惜,认为得到了的都一文不值。而那些自己没有得到的,都是那么诱人,那么珍贵。

她认为赵悦拥有她想要的一切。

突然有一天,叶双双发现赵悦也会有不顺心的事,也会不开心,也会软弱地哭泣。就像是高高在上的神祇从神坛上摔落一样,人们在不可思议中会夹杂着隐晦的窃喜。

没有人想整日供奉着一尊神,那太累了。

赵悦不知道叶双双有这种想法,她只是很开心,开心叶双双能陪伴她,安慰她。

叶双双完全不想承认,她真的很像白莲花,博爱善良。

真的很惹人爱。

每个故事里总会有那么一两个主角

这个车水马龙的城市里充满了故事,人们在熙熙攘攘中扮演着故事中的配角或主角,不过最常见的还是从一个故事的龙套变成另一个故事的龙套。

叶双双想做冯云故事里的主角。

然而，她也只能想想。

冯云是叶双双高中同班的男神，身材修长，性格温润，五官如果单独挑着看并不出奇，但组合起来就很端正，自成一股正气。

叶双双曾经和他QQ聊过天，冯云很是慷慨地给她讲了自己初中的故事，唯独漏了个她。

她叫沈凝。

叶双双听赵悦说过，冯云和沈凝的学习都非常好，但是他们所在的初中却不是很好，到中考时，只有一个重点中学的保送名额。当时冯云和沈凝之间挺暧昧的，冯云喜欢沈凝，所以把保送名额让给了沈凝。然后沈凝去了重点中学，冯云来了这里，遇见了叶双双。

叶双双初次听到这故事笑得简直停不下来，她抓住讲故事的赵悦，一边笑一边点评：「这太像小说中的狗血情节了。」赵悦很淡定地反抓住叶双双的手让她安静：「是啊，但这事是真的，冯云亲口承认了。」

叶双双不说话了，她只是眯着眼笑。心中是有点儿难过的，无论剧情多狗血，也轮不到她来上台表演。

过了几天，她照常点开冯云的空间刷他的新说说，一时兴起地点开了相册，然后一张张地翻看过去。

在一个不起眼的相册分类里，叶双双发现了几张图片，图片是某个人空间说说的截图，冯云在图片旁边注释得很暧昧。

图片上正巧截下了网页地址，而叶双双细心地发现QQ空间网页地址前面的数字就是QQ号。

叶双双鬼使神差地记下了那串数字，查找此人后进入了她的空间。

最新的一条动态是两年前，正是冯云相册图片中的那条说说："也许以后还会再相遇，可如今害怕希望落空的我们挥挥手说着后会无期。"

叶双双咂咂嘴，逻辑不通，无病呻吟，毫无意境。

两年前的六月末，正是他们初中毕业的时候。

再翻下去，发现此人似乎很少玩空间，说说只有那么几条，其中还有转发的。如《这些话你一定和同桌说过，中了的转》这种日志，她@的是冯云，从时间来看冯云的评论是秒回，内容是"哈哈哈哈，真的欸"。叶双双不禁攥紧了拳头。

没错，赵悦和她说过，冯云和沈凝初中时是同桌，看来此人是沈凝无疑。

做事一向不管不顾的她，这次却没敢加那个QQ。加了能说什么呢？他们还有联系吗，有的话沈凝会不会把自己的号码发给冯云问他"这是谁"呢？那么尴尬的事，那么讨厌的人。

她也有不完美却容得下自己的小世界啊

叶双双就这样带着很少的快乐和很多的烦恼,过着简单又复杂的校园生活。她已经习惯了,发生的一切事情似乎都在意料之中,日子波澜不惊得让人有些腻味。

每当这时意料之外的事就该发生了。

高二,春末。叶双双生日那天,冯云带来礼物在教学楼走廊上向她告白。他说,自己一年前认识了她一段时间后,就开始有点儿喜欢她了,喜欢她的单纯和迟钝,喜欢偷偷看见的她和闺密聊天时的雀跃,喜欢她一会儿傻乎乎一会儿古灵精怪的样子。

叶双双没想太多就拒绝了,也没有收他的礼物。不知何时起,她对冯云的感情似乎变淡了。好像,从一开始就没有非常深吧,只是某种想拥有的感觉。而现在连这种感觉都没有了。

他有些失望,反复追问拒绝的原因。她什么都没说,既没说自己曾经看过他相册后的不爽,也没说自己根本就没有他那段肉麻的情话里说的那么好,更没说她觉得既然冯云那么快就忘记了沈凝,一定也会很快忘记她。

他不了解她,其实她也是。所以即使换作之前的叶双双,和冯云也并不合适。

她意识到了这一点,所以虽然他们的故事没有多美好的结局，但心情很不错。

冯云被拒后，大概是因为顾及面子，一直没有和她说话。

而她也懒得去主动找他。也不过如此啊，叶双双想，失去一个他又算得了什么呢。

告白的事她没有告诉任何人，冯云也没有。像是什么都没发生过一样。

赵悦找她分享期中考的成绩，叶双双笑着说："哦，祝贺你啊，又考得这么好，我也有进步，看来我们文科是选对了。"那笑容里是否多了几分真心呢？只有她自己知道。

大概是有什么在不知不觉地变化吧，就像沈凝再也没有出现在她的脑海中。叶双双开始试着过无忧无虑的生活，她的心境似乎逆生长了一般。没有了阴谋论和嫉妒，不再介意自己的家境，偶尔回忆起过往的幼稚会笑。一些缺点依旧存在着，却也多了之前没有的优点。

这样最好了，她想。

蓝色气球飘过的年少和你

谢谢你路过我的世界

愈 之

连续挂掉田田两个电话后,手机又响了。定是急事。

她说她已经进了张嘉佳的签售会场,正在排队买书,问我是不是要两本,问我这边买好了没,另外还有没有别的叮嘱,我压低声音回答她的问题,彼此的语速都快得对方有点儿听不清楚。挂掉电话,我一边看时间,一边看着正慷慨激昂的骆以军老师,心里被着急填满。

此时,我正在羊城书展的会议室里听骆以军老师的讲座;而另外一个会议室里,有我期待已久的张嘉佳的讲座和签售。按照书展的时间表,两场活动挨得很近却没有时间冲突,只要骆老师这边一结束我就马上赶过去的话,我也能听到张嘉佳的讲座。

可是……骆老师也太能说了吧!仅演讲就挤掉了安排好的互动环节,可是如果要我花五十多块买了《脸之书》

却不参加签售，又觉得心里不平衡。

等！

岂料，当我喜滋滋地抱着老骆的签名本离开他的签售现场后，居然发现我迷路了！越着急越不知道往那边走，等我好不容易挤到张嘉佳签售会场的时候，他的讲座已经结束，等待签售的队伍里三层外三层地绕了会场好几圈。如果现在跟在队尾的话，说不定活动结束之前勉强能轮到我……

这时田田的电话又响了起来，当她告诉我她所在的位置后，我发现她排在挺靠前的地方，而她怀里还抱着六本书——两本《从你的全世界路过》，三本《让你留在我身边》，还有一本是刚才她在曹文轩签售会上给我买的《红瓦片》。（这次我就不追究了，以后不要让曹文轩和骆以军的活动撞车好吗？）

"嘉佳的书，有三本是我的吗？"我接过书，愣愣地问田田。

"是呀。你不是说你还要给朋友买一本吗？所以我买了三本。"原来第一通电话里她是问我是不是《从你的全世界路过》和《让我留在你身边》这两本全要！

"哦，对！"反应过来后我有一种想要狠狠拥抱田田的冲动。其实，到会场后我才知道，这回除了海报上宣传的新书《让你留在我身边》之外，《从你的全世界路过》也在签售范围！而我没告诉田田的是，我因为上次错过了

《从你的全世界路过》张嘉佳广州签售会还遗憾了好久呢。

"这回大丰收了！"我说。

"记住以后有书展和签售一定要带上我。"

说起来多少有些不好意思，这是田田第一次参加书展，本来我以为她对这种事情不感兴趣的，也做好了独自拼了的打算，还告诉她如果到了会场觉得无聊的话可以自己先回学校。没想到她兴致勃勃不说，还帮我买了书，拿了签名本，用手机拍下了我与张嘉佳的合影，并且提醒我别忘了与张嘉佳握手！

更神奇的是，与张嘉佳握手的时候，张嘉佳跟我说了一句"加油"，而这不过一秒钟的事儿，田田居然帮我拍下来了！晚上回到宿舍以后，她把手机递给我，说："不太会用录像，断断续续地录了一小段现场视频。技术不好，别介意。"

当我们兴奋地抱着一大堆书离开琶洲会展中心的时候，突然想起还没吃午饭，而身上的钱只够在附近吃一碗泡面的了，若不是兜里还有"羊城通"，恐怕就得露宿会展中心了。

那天晚上我在日记里简短地写道：在最光芒万丈的青春里，在最跟跟跄跄的时光里，谢谢你路过我的世界。

梧桐镇的无声季节

骆　阳

寂静喜欢不言说

"季雨,我喜欢你。"

"嗯?什么?别开玩笑。"

"我真的喜欢你。"

有人说,天底下最幸福的事情莫过于你喜欢的人刚好也喜欢你。

我哑口无言,一时间不知怎么应对这突如其来的惊喜。

黑夜被一盏盏路灯融化出水来,水遇到冷空气,变成雪纷落,洋洋洒洒铺满梧桐镇的每一条巷道。

柳林默默走在我身后,我听得到他的鼻息,和落雪的声音融为一体。

"我快要到家了，你回去吧。"

"好。"

我在钻进漆黑的小巷之前，看了柳林一眼，他行走在白茫茫的街道，暖黄色的光芒勾勒出他的轮廓。

一片混沌之中，我磕磕绊绊地找到家门，掏出钥匙，打开冰凉的锁。家里空荡荡，爸妈去外地打工，留我一人在家。我热了一杯牛奶，喝掉之后钻进被窝。

打开笔记本，一笔一画把刚刚柳林对我说的话记下。

关上灯，空气凝固。这样的夜，叫人难以入眠。

雪下了一整夜，早上起床，我发现门推不开了。我用力将门推开一条缝隙，然后用拖布把把屋外的雪掏进屋里。

我好歹钻出去，外边的雪覆盖到膝盖的位置。我深一脚浅一脚往学校走，路上不见人影，偶尔会有麻雀降落到枝头，抖落积雪。

世界是白色的，一尘不染。

到了班级，只有尹玉谣在。

"季雨，你来啦。黑山老妖刚刚给我打电话说今天停课，连上双休日，我们一共休息三天。"

"好的，那我就先回家了。"

"我们寝室除了我都回家了，我一个人没意思，所以……"

"那你去我家吧！"我没问她为什么不回家，因为我知道她爸妈和我爸妈一样去外地打工了。

我们手拉手走出学校，她把一个雪球偷偷塞进我领口，我抓起一把雪追着她打，我们的尖叫声在清晨宁静的街道回荡。

我和尹玉谣到家的时候，发现院子里的积雪已经被全部清走。是姥爷，他正倚着墙抽烟呢。

"姥爷，快进屋暖和暖和。"

"不了，到了吃药的时间了，我先回去了。"姥爷住在隔壁的舅舅家，我妈妈是姥爷的三女儿。

姥爷走后，小浩和小凯紧接着跑进我家院子。

"二胖姐，快来看我们堆的雪人！"小浩说。

我的小名叫"二胖"，一个傻萌的称呼，家里人都这么叫我。

"我们先把书包放屋里，一会儿再跟你们玩儿。"尹玉谣说。

走进卧室，尹玉谣把书包摘下来，环顾一周，问："你爸妈什么时候回来？"

"要年底吧。"

"唉，我们都是没人要的孩子。"

"别这么说啊！你哪里是没人要的孩子！我这不正要着你呢吗！"

"切，我才不用你要我……天啊……柳林跟你表白了？"

"你怎么偷看我日记本？"

"咱们之间还有什么需要隐瞒的吗？话说他真的跟你表白啦？"

"嗯……是……他……"

"害啥羞啊！"

"你要替我保密。"

"好的！我答应你！"

"那我们去堆雪人吧。"

胆小的女孩儿

自从上次尹玉谣来我家，就没走，在我家和我一起住下了。她说她暂时不想住寝室，要在我家陪我一段时间。

这样也好，我也有人陪了。

这天晚自习结束，尹玉谣要做值日，因为我要先回家做晚饭，所以就没等她。

回到家，我生火取暖、淘米蒸饭，一阵忙碌。要不是尹玉谣住在我家，我喝袋牛奶对付一下就行了。

饭菜摆上桌，尹玉谣推门而入，看到我，她放声大哭。

我拿着筷子的手僵在饭桌上。

"简齐欺负我。"没等我开口询问，尹玉谣就告诉我她哭泣的原因。

"什么？简齐欺负你？他怎么欺负你的？"

"他喜欢我，这你知道吧？"

"嗯。"

"刚刚放学，大家都走了之后，他突然从他的座位那儿冒出来亲了我一下！"

听完尹玉谣的话，我的心猛地沉了一下，我站在原地，不能动弹。

尹玉谣一边抽噎一边晃我的胳膊，嘴里反反复复说着"帮帮我"。

我答应了她，即使我根本不知道怎么替她"报仇"。她被欺负，也有我一部分责任，我不应该留她一个人在班级做值日。还有就是，我觉得保护我的好朋友是我义不容辞的责任。

我铺好床，安顿尹玉谣好好睡觉。我坐在书桌前，一会儿呆呆地盯着书桌上的台灯，一会儿想要找谁帮我教训简齐那个混蛋。我只是一个普普通通的高中生，家里没钱没势，认识人又少，帮尹玉谣报仇是一件很难的事。更何况，我一向是一个胆小的女生。

我也忘了我是怎么突然想起莫莹的，我觉得她或许能帮上我。莫莹是妈妈朋友的女儿，我们虽然见面不多，但是从小就认识。学习不好，认识很多人，发型大胆，涂黑颜色的指甲油，这些是她留给我的印象。

第二天一早,我就拨通了莫莹的电话。

电话那头传来不耐烦的声音:"谁啊?大早上的!让不让人睡觉!"

"我是季雨。"

"季雨啊!我还以为是我那些姐妹!怎么了?有什么事吗?"

"你能不能帮我个忙?我知道一给你打电话就请你帮忙很那什么。唉。"

"别说那些外道话!什么忙?只要我能帮上的一定帮。"

"帮我教训个人,我班一个浑小子。"

"小事儿。"

我的心,隐隐地疼了一下。我真的是个胆小的女生。

莫莹找来帮我忙的人叫大勇,我们曾经见过面。初中毕业的时候,莫莹和朋友们聚会,顺便把我也叫了过去。那会儿大勇坐在我旁边,他说我长得很可爱,还说以后有什么事情尽管找他。大勇说完这些话,我就借口突然想起家里还有点儿事逃跑了。从那以后,就再没见过大勇。

再次见到大勇,是在晚自习结束后的校门口。他叼着烟说我依旧是那么可爱。我感觉到一阵恶心。可他看不出我的厌烦,喋喋不休。我看到简齐出现在校门口,赶紧指给他看。

大勇摇头晃脑地走到简齐前面,拦住他的去路。

"你就是简齐?"大勇恶狠狠地说。

"是。有什么事儿吗?"简齐有些紧张地说道。

"当然有事儿。"大勇果断给了简齐一耳光。

我死死捂住双眼。

……

"季雨,你的事我帮你办完了。"

"谢……谢……"

"下次再有什么事直接跟我说就行,不用再通过莫莹了。喏,我的手机号。"

我接过大勇递过来的纸条,感觉到一股冷风狠狠地吹了过来。

大勇咧开嘴巴笑了笑。看热闹的人在一边七嘴八舌地讨论着什么。我打了个冷战,我想这是我最后一次找人打架,我感觉到害怕,在心底,似乎有一种潮湿的东西蔓延开来。

在这个荒芜的季节,我隐隐地预感到,似乎要有什么事情发生了。作为一个一直以来没有过惹是生非历史的女孩儿,不知该如何应对。

希望这只是个有头无尾的猜想。

全世界一心想要孤立的人

"喂!你写的那是个什么字?"

"溶解的解,你可以根据前面的字推出来。"

"都说了,不要写连笔字,显你会写连笔字啊!"

"老师给我留了很多任务往黑板上写,一着急,难免用到连笔。"

"你傻吧!让你不要写就别写,哪来那么多废话!"

骂我的人叫孟凡秋,尹玉谣的发小。我不知道她为什么骂我,和我处处作对,就像我不知道为什么尹玉谣反咬我一样。

上次教训完简齐之后,我就成了班级全体成员的敌人。尹玉谣和简齐和好,成了亲密无间的好朋友。我像个傻子,被他们甩在一边的角落。

大家都说季雨不是好东西,吃里爬外,结交社会上的混子,打自己班同学。

一开始,我向他们解释,后来我放弃了。

"季雨,没想到你是这样的人。"前几天柳林送我回家的时候,撇下了这样一句话。

"柳林你要相信我。"

柳林说:"好了,就到这吧。"

我不知道他这话确切是什么意思。

到了巷口,柳林与我道别。他说这可能是最后一次送我回家。

我转过身,走进黑魆魆的巷道。不要怕,不要怕,马上就到家了,我自己告诉自己。

我怎么就突然这么怕黑了呢?

记忆里永不凋零的夏天

"小皮球,下脚踢,马莲开花二十一……呜,我又跳错了。"

"你真笨,看我的。小皮球,下脚踢,马莲开花二十一,二五六,二五七,二八二九三十一!"

"哇!柳林,你真厉害!"

"你输了,请我吃雪糕。"

"我没钱,怎么办?"

"好吧!那我请你!"

我和柳林跑去巷口的小卖铺,柳林掏出钱跟阿姨说:"给我拿一个'随便'和一个小布丁。"

我举着两块钱的"随便",柳林举着五毛钱的小布丁,天空上都是白软的云朵。我们在小巷里奔跑,每家每户的樱桃都熟得通红。几棵年老的梧桐,撑着绿叶,让小巷留下一段段沁人心脾的荫凉。我们跑过树影,跑过云影,跑过水洼。我们举着凉凉甜甜的雪糕,时不时不太舍得地舔上一口。

我替柳林拿着半截小布丁,柳林轻车熟路爬上他家的屋顶。

"喂!你有'随便'了还偷咬我的小布丁!"柳林在

屋顶上冲着站在地面上的我喊道。

"没有啦！我看它化了才咬一下，要不流到地上多可惜。"说着，我爬上墙根的柴火堆，把两根雪糕都递给柳林。然后，我又从柴火堆上艰难地往屋顶爬。

柳林又要拿雪糕，又要拽我，弄得满手黏糊糊，等我爬上去的时候，他在我脸上抹了一把。

"季雨，过两天我就要搬走了。"

"我知道，你爸在街里买了楼。"

"你会不会舍不得我呀？"

"会的。你要走了就没人给我买雪糕了。"

柳林说了句那时候很潮的一句话："哎呀，我去了！"

"你去哪啊你去！"我翻了个白眼。

"过几天就毕业了呀，希望上初中还能和你一个班级。"

柳林，多好听的名字。他和其他臭男生一点儿不一样。他会玩悠悠球，也会跳皮筋。他长得高却一点儿也不傻气。他爱玩，成绩也不错。

　　　　我铭记，和你快乐玩耍的日子
　　　　像清风轻轻拂过我的心
　　　　我喜欢你，却一直不敢告诉你
　　　　像所有不会说话的花朵，轻轻绽放又凋零

如果以后还在一起

　　我会轻轻走到你身边，然后轻轻，轻轻地把它念

　　给你听……

　　这是我小学毕业时给柳林写的一首诗，名字就叫作《轻轻》。不过后来，即便我们一直都是在同一间教室，我也没有把它念给柳林听。现在，我把它从小学同学录里翻出来，那本只有他一个人的同学录。

　　它静默安然地躺在那里，像是一片被冬季遗落在初春的雪花。

　　只是柳林，我可能再也不会说，我喜欢你。

　　柳林，我恨你，一丁点儿的信任你都不肯给我。

　　当我失去了好朋友和喜欢的人，当我伫立在窗前想要从什么地方获取一丝暖意，雪就又飘落了，凄美的姿态跳进眼帘，演出着一场沉默无声的独角戏。

　　妈妈在家时精心照料的月季花被我遗忘在外边，它们已经没了生命。我出去搬花盆的时候，小浩走进了我家院子。

　　"二胖姐，尹玉谣打我。"小浩抹着眼泪。

　　我看着鼻青脸肿的小浩，心狠狠地疼了一下。尹玉谣那个混蛋，竟然打我弟弟。

　　第二天在班级上自习的时候，我越看尹玉谣越来气，

最后一个没忍住，就走到尹玉谣书桌前说："尹玉谣你要不要脸？小孩儿你都打！"

"谁？啥？我打谁了？"尹玉谣放下手里的小说，一脸无辜地反问。

"你别装了，我小弟被你打得鼻青脸肿，嘴唇都出血了，他今天都没法上学了。"

"你小弟上不了学和我有几毛钱关系？赶快从我眼皮底下以摩擦力最小的方式滚开！"

"你少来！赶快给我个说法！"尹玉谣在我面前狂跩，我咬着牙控制着自己的情绪。

"哦，对喔，惹到你的话你就要找那个老男人打我了。好，那我滚。"尹玉谣站起身，用她的松糕鞋跟狠狠地踩了我一脚。

这一次我没能掌控住我的情绪，一把揪住了尹玉谣的头发。

"大家可看好了，是她先动的手！"说完，尹玉谣重重地扇了我一巴掌。

我刚要还手，孟凡秋就冲了上来，连同尹玉谣一起打我。同学们不拉架，反而在一边加油助威。

……

我低着头挨过晚自习，放学铃声响起，我拖着沉重的步伐往家走，积雪被我踩出清脆的声响。走到校门口，竟然发现大勇站在那里。冷风阵阵吹，夹杂着积雪和枯死的树叶,梧桐树在风中沉默地摇晃。我本想迅速地溜掉,可还是被大勇看到。

大勇扔掉手里的烟头,走到我前面,说:"嗨!季雨同学!晚上好啊!"

"好,晚上好。"我低着头说。

"嗯?季雨,你怎么鼻青脸肿的?怎么的?谁欺负你了?告诉我!我去收拾他!"

我没有答话,低着头。风越来越大,像要把黑暗撕成碎片,将要吞噬一整个寒冷的季节。

这时候,简齐那个笨蛋,偏巧不巧出现在校门口。

大勇二话没说,逮住简齐,劈头盖脸一顿揍。

我愣了一下,然后冲上去死死拽住大勇,声嘶力竭地喊着:"你怎么又打他?放手!你怎么又打他?放手!"除了这两句话,我没有说别的,我也不知怎么的,大脑运转的速度正在急速下降。我一遍又一遍重复这两句话。

围观的人面露讥笑,指指点点,唯恐天下不乱。我还听到,他们当中有人骂我贱货。

大勇终于松开简齐,简齐朝地上吐了一口带着鲜血的痰,就慢腾腾地走掉了。留给我一个沉重的背影,任风吹也不肯走远,他离去的时间,仿佛几天几年那么漫长。

我真的好想跑上前去,跟简齐说一声对不起。我真的好想时间倒退回去,倒退回给莫莹打电话的那个早上,我不求她帮忙,只是说什么事情都没有,只是突然想打个电话而已。

　　如果简齐没有挨打,我们还会是好同桌,他还是会把耳机分享给我一只。我们一同哼唱周杰伦,我们在漫漫冬季患上了唱歌不顾词的病。白雪和美妙的旋律在兵荒马乱的高中时代从不忧伤,头顶是耀眼的灯光还有悄悄划过的时间。我们一起傻里傻气读和现实生活游离的青春小说,他总是比我看得快,还总是可以把每一个漂亮的句子记得清楚。我把美好的桥段记在数学笔记的扉页,我在他给我讲数学题时时不时偷偷傻笑。

　　那时候,我们从不悲春伤秋,天真纯粹的故事未完待续。

　　那时候,只是那时候。带着物是人非的痛感,一下下击打我的心。我们不再是好同桌,我们之间有了隔膜。我不知道该说什么,我不知道怎么哭。我是个胆小鬼,我害怕失去。

　　看热闹的人却依旧不肯离去,好似有什么留恋。

　　大勇大喝一声:"看什么看!都给我滚!"他的德行,说好听点儿是凶神恶煞,说难听点儿就是一流氓。

　　人群散去,我蹲在地上久久回不过神,冷风灌进领口,雪花飘进心里。

　　"我送你回家吧。"大勇扶起我。

　　走了一段路,我缓缓地说:"谢谢你了。你回吧。"

　　"谢什么谢!咱俩谁跟谁!"他的嘴脸,越发让我恶心。

我正要加快速度往小巷里走的时候，大勇突然从后面跟上来，一把抓住我的胳膊。我转过身，本想骂他，却被他强行吻上。我感到一阵恶心，我毫不犹豫地扇了他一耳光。然后，我一头扎进小巷。

或许，巷口对过那盏闪着微弱光芒的路灯还在照耀着我的去路，伴我同行。或许，它依旧在融化黑夜的碎片，纷落白雪和往事。我的十七岁，是一盏说不清道不明的灯火，在无声的冬季里，闪闪发亮，又缓缓黯淡。

我蹲在家门口，翻江倒海地呕吐，心脏麻木而又锐痛。

小浩和小凯在我最难熬的时候出现。

小浩问："二胖姐，你怎么了？"

"没怎么，肠胃感冒。"我说。

"吃药了吗？用不用明天去打针？"小浩问道。

"吃啦！打针就不用了，我能挺过去。"我说。

"那行。姥爷让我给你的山楂片和姜片，你最喜欢的。"小浩从小凯手里拿过两包零食，递给我。

我打发他们回家睡觉，然后自己也回家。屋子里依旧空荡荡，墙角死去的月季越发干瘪，几片叶子凋落下来，是最颓败的姿态。可是我见过它们颜色纷呈的姿态，在太阳下露出微笑，那是从来都不会难过的夏天。

我躺在冰凉的床上，抱着姥爷给的零食，不知不觉就哭了出来。

倔强的青春不再需要解释

班主任给远在外地的爸爸打电话,说我两次找混子打班上的同学,情节恶劣,会记过处理。

上课的时候,我径直走到尹玉谣面前,狠狠还了一耳光。

班主任愣在讲台上。

尹玉谣喜欢柳林,我如今才知道!我多么愚钝。她嫉妒我,她想变着法让我难受。她找到简齐这颗棋子,来让全班同学鄙视我。而简齐喜欢尹玉谣。

一切都是那么简单明了。

又那样复杂。

"柳林,你看到了?我多么野蛮,我不需要解释,我更不需要校外的混子替我出气。我自己,就都可以做到。"我死死盯着柳林,掷地有声地说。

空气在此刻凝固,班级里的目光错综复杂,世界被冬季冻结,窗上盘桓着妖娆的冰霜。

视线模糊。

如果你的喜欢是一个秘密

"季雨,我喜欢你。"

"嗯？什么？别开玩笑。"

"我真的喜欢你。"

那时那刻，我多么想说"柳林，我也喜欢你"。可是，那时那刻，我的脑袋里，全都是一个人的名字。

简齐。

我也不知道为什么。

我只是知道，从初中到高中，我们做了五年同桌。

我只是知道，我喜欢看他挺直脊背听课的样子。

我只是知道，他随便分我一半吃不完的冰棒时我内心的汹涌翻腾。

我只是，在知道他喜欢上别人时，偷偷撕掉了所有写给他的文字。

我只是，不愿再喜欢一个已经喜欢上别人的人，因为他再不可能属于我。

我只是，在找了外人教训他时，心里隐隐作痛。

那柳林呢，那个阳光帅气的大班长，模范生呢？

或许那只是不愿舍弃的友谊吧。

我不想再欺骗自己了，我已经很累了。

那么，什么时候，会刮一阵清澈透明的风，来吹散我无声的青春？

像风走了八千里不问归期

zzy 阿狸

1

高考后的暑假无比漫长,游手好闲的我只能天天赖在家。我妈看在我考上2A的份上,便忍着不说。懒容易惯出毛病,当我第三次成功地把厕所塞住后,心里那叫一个拔凉。昨晚老妈严重警告我,要是再有下次,以后楼下转角的公厕就是我家,开学前都不许用家里的厕所。

心急火燎的我只能碰运气去楼下转转,灯柱上贴有不少小广告。我绕着一根根灯柱看,小广告的确很多,但都是寻人启事、招租信息云云,愣是没发现有通厕所的。

正打算认命回家等着老妈数落,这时斑驳的灯柱上被贴上了一张小广告。

"管道疏通马桶疏通水管漏水维修。联系人：林师傅。联系电话：156×××× 4424。"

我喜出望外，掏出手机逐个输入号码，按下拨打键。电话接通后，我低着头兴奋地踢着小碎石嚷嚷："你好，是林师傅吗，我这里是光荣路5号，麻烦你过来通一通厕所，挺……"话还没说完，十米开外的灯柱下的一个女孩儿很爽快地说："好的，我这就过来。"

还不到一秒，手机听筒里传来相同的一句话。

我抬起头，刚好对上了她清澈的目光。

那一瞬间我的大脑一片空白，她的左手还拿着一沓还没贴的小广告，身上挎着一个很大的工具箱。

我该说些什么比较合适呢？是热情地领着她直奔案发现场，还是转过头装作不认识，毕竟当初断绝了一切联系的人是她不是我。

"好久不见啊，林海儿。"

窗外的路灯和刚上班的星星的光芒打在她微红的脸上，像一首微醉的诗。

2

没有太多的寒暄，开了门后，我赶紧用手捂着鼻子，林海儿倒是很淡定地走进厕所通了起来。过了十分钟左右，厕所里传来哗啦的一声冲水声，她拍了拍手出来后，脸上有点儿局促不安。在这种场合重逢是挺尴尬，但最尴尬的是我把家里找了个遍，也凑不够钱给她。

"看在老同学一场的份上，先欠着吧，留个电话和地址，过几天我亲自给你送过去。"

"嗯，也只能这样了。但是徐浩瀚你可不许耍无赖，不然我不会放过你！"

我朝她做了个鬼脸，动作自然得仿佛这一年的失联没发生过。

她走后，我累瘫在床上，往事像旧相片一样浮现在我的脑海里。自从高三开学林海儿被调至临川中学念书，我用尽了一切办法都联系不上她。我也尝试去小渔村找她，可早已人去楼空。就在我准备放弃的时候，她又以修理工的身份出现在我的眼前。打鱼和修厕所，这可是八竿子也打不着的事啊！

我手里攥着她给我的小纸条，心想这真是个奇怪的女生。

第二天早上我起床扒拉了几口红豆粥后屁颠儿屁颠儿地骑着单车循着那个地址找去。那是一栋二层的小楼，在一条比较狭窄的小巷尽头。墙皮剥落殆尽，铁门正严严地关着，门口挂着一块铁皮，上面写着的信息与小广告上的一样。但门面还是收拾得整整齐齐。

等了半个小时，铁门发出吱吱呀呀的声音。投入眼帘的是林海儿吃力地把铁门往上推的模样。她的手机不断地响起来,她一边歪着脖子把手机压在肩膀上,一边用纸和笔快速记下地址,还不时唾沫乱飞地应答:"好的好的,您放心,虽然陈师傅有事出去了,但我的技术也不差,一定会尽快帮您修好。"

看到她忙手忙脚的模样,我径自走过去拿过她的电话,静静地站在旁边把手机按在她的耳朵旁。我看了看笔记本,发现有些地方离这儿还是蛮远的,于是问她:"要不今天我当你的司机,反正我也闲着。"

还没等她回答,屋里传来她妈妈的声音:"谁来了?"林妈妈看到我后,笑呵呵地说:"原来是班长啊,快坐快坐。"林海儿一脸的困惑,我心里想着大事不妙得赶紧跑,于是和阿姨打个招呼便拽着林海儿坐上我的单车扬长而去。

3

林海儿一路上不断地追问为什么她妈会称呼我为班长,我打哈哈说可能因为我看起来一身正气吧。那天我们骑着单车穿街过巷,我没想到她的第一份工作竟然是修厕所,这不要紧,关键是为什么她会干这份活儿?这时候她应该待在家等厦门大学的录取通知书才对啊。

带着一大堆的疑问忙活了一天,身体几乎要散架。暮色渐渐上染,完成所有的工作后,她说先别回家,我心里纳闷极了但也只能随她。我把单车停在桥边，让林海儿在那儿等我，两分钟后我提着两罐百威啤酒朝她跑去。

我熟练地开启啤酒并递给她一罐，她没有拒绝。我们在桥边坐了下来，把脚慢慢地伸出栏杆，悠悠地晃了起来。她大口大口地喝，喝完后一脸苦笑地说："徐浩瀚，我不想回家，因为那不是我的家。我的家里有年轻力壮的阿爸，有织得一手好网的阿妈，有慵懒的大肥猫，而不是每一个角落都散发着异味的小房子。我并不是讨厌这样的生活，只是……这不是我想要的。"

那时候我才知道她和阿姨搬离了小渔村是因为县城里有一个叔叔愿意照顾她俩，林海儿明白这代表着什么，但谁都不愿说破，似层薄雾模糊了关系。林海儿肯吃苦，跟着叔叔学艺，很快成了一个小帮手，但她却不开心。

我看见她的眼眸里升起一层薄雾，手足无措的我红着脸说："想哭就靠过来吧，我借个肩膀给你。"

说完我的心跳加速，内心隐隐约约有点儿小期待。一秒后，强烈的痛感从肩膀传至神经中枢。扭头一看，她正狠狠地捶打我的肩膀。

怎么不按常理出牌啊！

晚上九点多，我载着她行走在这摇摇晃晃的人间。那天晚上的月亮很美，我没头没脑地说了句："别再哭了，难过的时候看看月亮，它可是你最好的朋友。"

4

驶进小巷时，一个男人站在昏黄的路灯下不停地东张西望，林海儿忽然把头躲在我的背后。男人没说话，静静地进了屋。

林海儿尴尬地对我笑笑，我识趣地调转车头说："时候不早我该回去了。"走了一段路，我听见她在背后喊我："徐浩瀚！"我好奇地回过头，她支支吾吾地说："谢谢你。"

我嘿嘿一笑，留下一个帅气的背影。

后来我和她好几天没有联系，她留给我的手机号码我背得滚瓜烂熟却不敢打过去。几天后的一个傍晚我突然收到了那个号码的来电，我还没想好该怎样打招呼，电话那头一个粗犷的声音响起："你是海儿的同学吗？请问你知不知道她现在在哪儿？"我的心一下子提到嗓子眼，急问："叔叔怎么了，今天不是她生日吗，难道她不见了？"在得到他肯定的回答后，我撂下电话，骑着单车飞奔出去。我的脑袋快速运转，疯狂地猜想着她会在哪儿。

跑了好几个地方后，脑子里闪过一个地点——临山中学。虽然那儿黑灯瞎火，但直觉告诉我她就在那儿，因为那是她阿爸的母校。

当我赶到临山中学的时候，门卫大叔正在打瞌睡，生锈的铁门微微开着。我悄悄地潜了进去，最后在偌大的操场里找到了林海儿。她坐在地上，双手环抱着膝盖，定定地看着天上的月亮。那晚的月亮很大很圆，把她的心事照得太明了。我松了一口气，在她身旁缓缓坐下。

"徐浩瀚，今天是我的十八岁生日。大家都说十八岁是值得祝福的年纪，有着最美好的年华，想要什么都能得到，家里热热闹闹地为我张罗生日，但为什么我的心里空落落的？"她失落地说，"每年的生日我都特别难受，因为他不会回来了，无论我十八岁、十九岁、二十岁，他都不能亲口为我送上一句祝福。我曾经以为他离开后就什么都不是了，但我现在才发现他是我的全世界。他离开后，我什么都没有了。"

说完，她把头埋在臂弯里哭了起来。

"谁说的，你还有我啊。"

她抬起头，抽噎着说："真的吗？"我认真地点了点头，指了指天上的月亮："其实你的阿爸一直没有离开你，他是天上的月亮，把所有的温柔倾注于你。他感受着你的喜怒哀乐，分享你的所有感动。"

七岁那年的一个晚上海儿的阿爸坚持要出海打鱼，海儿哭着抱住他的大腿不让他走，阿爸弯下身子，用粗糙的手指擦了擦她剔透的泪水，哄着她说："海儿不哭，爸爸很快就回来。"海儿一脸着急地说："可我睡觉的时候看不见你会觉得很害怕。"

屋内传来阿爸爽朗的笑声,他指了指天上的月亮说:"海儿别怕,还有月亮陪着你呢,它是爸爸最好的朋友,它会哄你入睡的。"

5

林海儿靠在我的肩膀上睡着了,我掏出手机给叔叔发了条短信告诉他我们的位置。十多分钟后,他风尘仆仆地赶到,眼神里满是心疼。他犹豫着想要抱一下她,但手悬在半空不敢再动。林海儿轻轻地往他身上靠了靠,稳稳地落在他的怀里:"叔叔,带我回家吧。"叔叔开心地点了点头。

从那以后,林海儿和叔叔的关系算是缓了过来。我替她感到高兴,因为这个世界上又多了一个爱她的人。

时间过得飞快,转眼间她要动身去厦门大学报到了。她的行李并不多,送她去坐火车的那天,我还是骑着那辆破旧的单车载着她在这个摇摇晃晃的人间前行。在站台上,我笑了笑说:"只能送你到这儿啦!"

"其实高二暑假那年你去过我家对吧?我妈全告诉我了。不然你怎么会知道我阿爸说过月亮是我最好的朋友?"林海儿低下了头,"临川中学的黄主任是你的妈妈吧,去年我能够从临山中学转至临川中学,推荐人是她。我一直纳闷她为什么会帮我,直到有一天我看到她开着车载你回家。"

她说着说着哽咽起来:"徐浩瀚,你为什么要对我那么好?你翘了课去我家家访,冒着被记过的风险翻墙去找你妈帮我,值得吗?"

　　"值得啊!因为你说过我是你最好的朋友……"我话还没说完,火车的汽笛响起了,我们草草地结束了对话,我替她找好位置安放好行李后下了车。

　　我站在车外用力地挥手,眼眶不知道为什么突然湿润了。

　　林海儿,你值得我为你付出一切。因为在没有认识你之前我只是年级里的一个小混混,不知天高地厚,快意江湖,浑浑噩噩。你给我辅导功课,毫无保留地袒露你的一切心事,是你让我知道了生命的另一种可能。

　　如果这个理由不够充分,那我只能说实话了。

　　因为我喜欢你。

　　在高二那个盛夏的午后,阳光透过香樟树的叶隙在你身上打下斑驳的光点,你一个人百无聊赖地站在树下小声地哼唱《莉莉安》。我看到你眼里无限的忧伤,看到了你心里的那片海,一片一望无际的蔚蓝色海洋。

　　就在那一刻,我喜欢上了你。

　　我不知道我们的故事还会不会有以后,未来太过缥缈,距离太过遥远,而我能为你做得太少。但无论如何,我会等你回来,我会一直喜欢你,像风走了八千里,不问归期。

　　下一个八千里,让我遇见你。

蓝色气球飘过的年少和你

晚安人海

十六七岁的故事,总是在最晴朗的天气用最欢快的语气开头,就好像写故事的人真的不知道结尾有多忧伤似的。

1

在对隔壁班的班花谢芷菡表白失败后,我牵着一大把准备送她的气球返回了教室。

上课的时候老师给了我无数次严厉肃杀的眼神,还指桑骂槐地对全班说:"你们现在都高二了,可不可以把你们班那股歪风邪气收敛一下!"

我装作没有听懂的样子朝着教室后方的时钟望去,心里默默计算着下课的时间,却在偶然间瞟到正对着飘荡在我头顶的气球发呆的许潮烨，她好像挺喜欢这些气球的样子。

许潮烨一直是我们班上公认的最抠门、最见钱眼开、最神经质、最嚣张的"母老虎"。我对着许潮烨"咯咯"笑了两声，结果我好像是吓到她了，她慌忙地低下头躲闪我的目光，一副落荒而逃的模样挑逗起了我戏弄她的兴趣。

下课后我本想把许潮烨喊出教室，一向和我没有什么交集的她警惕地看着我，然后淡淡地从嘴里飘出一句"不去"。

"你许潮烨一没财二没色，怕什么怕？"扔下这句话的我转身就逃，许潮烨朝我狠狠瞪了一眼，接着起身离开座位追上了我的脚步。

其实许潮烨长得真的还算好看，只是不同于谢芷菡那种张扬的漂亮，许潮烨是属于内敛型的美，就像一朵野百合素净又不招摇。

我牵着一大把五颜六色的气球站在操场上人最多的地方显得尤为引人注目。细碎的阳光穿过气球斑驳地印在地上，我习惯在有光的时候眯起眼睛，故作深情地对许潮烨说："其实很早以前就想送这些气球给你了。"

我想我们在那一刻都是恍惚的，不然我怎么会在人群喧闹声中听到了她的心跳声，她怎么会看不出年少任性的我对她的戏弄？

在许潮烨伸手接下我递过去的系着气球的一把线的前一刻,我松开了手。所有的气球脱离了束缚漫天飞舞起来,犹如飞扬跋扈的青春。

我对着许潮烨哈哈大笑:"哈哈哈哈……逗你的!"

操场上围观的人看着小丑般的许潮烨。她脸色十分难看地朝我扑过来:"顾晚海,你找死!"

成长中那段最不计较后果的岁月叫作青春,那时的我们都还青春且年少,所以许潮烨在气球飘荡着的天空下围着操场追着我跑了一圈又一圈无果后,拿着拖把气势汹汹地守在教室门口。

那个下午我很没胆量地逃了课——谁会愿意跟一个疯子没完没了地斗下去呢?

2

我始终相信只要我不放弃就一定能追到谢芷菡的,所以很多次表白被拒绝后只是练就了我更厚的脸皮——我整日死皮赖脸地出现在谢芷菡的周围。

许潮烨特鄙夷地问我哪来的自信死缠烂打。我告诉她:"我总是这么安慰自己——女孩子嘛本来就难追,何况是像谢芷菡这样漂亮的女孩儿。"

我不知道为什么听完这话后的许潮烨眼里会溢出淡淡的忧伤,还打趣说她如果不那么暴力的话也是会有人喜欢的。

　　最初我是从谢芷菡的口中得知许潮烨和她其实是发小儿的，那之后我立刻用重金收买了许潮烨，毕竟这么贪财的一个人见到我拿钱谈条件怎么可能会不答应帮我去追谢芷菡。

　　让我满意的是谢芷菡见到我俩同一战线时露出特震惊的表情。所以我搭上许潮烨的肩膀熟练地掏出一张钞票："记得多在她面前说说我好话，比如我怎么英俊帅气优秀善良……"

　　我的话还没说完，许潮烨的手肘就重重地撞向了我的肚子："我只答应帮你追芷菡，但我没答应为了你说这些违心的话。"

　　虽然许潮烨被我收买了，但是她还是经常会对我恶语相向甚至动手动脚。

　　每次我上课睡觉时，许潮烨都会拿准备好的粉笔砸我，或者下课后趁我还没完全清醒把椅子狠狠踢倒，好几次我都坐在地上哀号。

　　有次我因上厕所上课迟到了几分钟，在教室门口亲耳听到许潮烨报告班主任："顾晚海又逃课了。"

　　当我出现在她眼前时，她还义正词严地说："你迟到还有理了是不是？上课上厕所不知道请假吗？还是你掉厕所里了才这么慢上课迟到？"

　　三个问句问得我哑口无言，谁会下课上厕所也提前请假说上课会迟到啊？

　　私下里我曾问过许潮烨："你只是个纪律委员，为什么管这么多？"

　　"我爱管闲事，你管我？"

　　我对许潮烨恨得牙痒痒，巴不得把她撕碎了扔去喂汪星人，可是想到追谢芷菡还遥遥无期我就忍了下来。

　　自古以来"邪不胜正"，我相信自有天理存在，会有机会让我来好好收拾一顿许潮烨的。

3

　　我数学竞赛得奖后，教导主任在大礼堂表扬了我一番，还要所有人以我为榜样。

　　"顾晚海同学不仅学习优秀，为人也谦逊有礼，乐于助人直爽大度，更有着不骄不躁的性格，深受班级同学喜爱。"

　　教导主任说完这句话，整个大礼堂里鸦雀无声，角落里却冷不丁传出一阵"哈哈"大笑，那魔性的笑声我不用看也知道是许潮烨。

　　"谁谦逊有礼乐于助人直爽大度了？笑死我了，这说的一定不是顾晚海，教导主任你拿错演讲稿了吧？"

　　随后礼堂里爆发出一阵哄笑，我和教导主任站在演讲台上面面相觑，教导主任喊了很多遍"安静"才控制住了场面。

　　我这次对许潮烨可真是恨之入骨了，放学后偷偷跟着许潮烨，想看一看这个女生到底是生活在怎样的家庭背景下才会如此张扬放肆。

　　说实话，就算许潮烨再怎么抠门儿贪财，到底她也是一个开朗乐观的人，所以我认为她家庭不富裕也至少应该有一个健全的家。

　　可是那天我看到的却是一个看似与旁人无异的女孩儿深深地隐藏的一个最难以启齿的秘密——她的家在小城里最破旧的棚户区，她的家里只有一个拾荒的老奶奶。

　　不敢置信的我去找了她的发小谢芷菡，谢芷菡告诉我许潮烨家原本富足幸福，但是在一次车祸中，妈妈当场丧生，而在花光了家里的所有积蓄后，爸爸也离她而去了，丢下她和奶奶相依为命。

　　"怪不得这家伙整日那么嚣张跋扈，原来只是为了不让别人知道她这些没有人知道的过去啊，真是虚荣。"我虽然对谢芷菡笑着说出这句话，但是心底里突然心疼起这个叫许潮烨的女孩儿。

　　谢芷菡严肃地对我说："不要对她提这些事，这是潮烨最不可揭开的伤疤。"

　　如果，我是说如果，我认真记住谢芷菡说的这句话，那么，我和许潮烨之间会不会真的发生一个故事？

　　不可说，不可说，一说即是错。偏偏青春期的我们，藏不住话，藏不住情感，藏不住伤害，藏不住应该藏住的一切。我也以为我可以对这些事一辈子守口如瓶，只是为了保护许潮烨。可是后来有些话从我嘴里说出，像一把剑，像一把刀，每说一个字就让她落一滴泪。

4

之后的日子里，我依旧会不时地变着花样对谢芷菡表白，其实我也不知道我为什么喜欢她——那些年少轻狂的日子，太过自我的年龄，或许对于她，我没有真心，只有不甘。

在谢芷菡又一次毫不留情地拒绝了我后，许潮烨捧着肚子一副笑到快要撒手人寰的样子。我捏着她的手腕恶狠狠地问她："我追不上谢芷菡你就这么开心？"

哪知道许潮烨笑得更欢了："不是啊，我是看你吃瘪我就开心！"

我无法理解许潮烨的思维，也无暇顾及，因为一个高三的学长也对谢芷菡展开了猛烈的攻势，这让我更像一个护着自己心爱玩具的小孩儿，焦急又愤怒。

最后谢芷菡还是被学长征服了，那天我从银行卡里取了一把钞票，许潮烨惊愕地眨巴着眼睛望着取款机问我："顾晚海你从哪弄的这么多钱？"

我淡淡地瞟了许潮烨一眼："我家人给的，你收好你要的钱就行了,还管别人给你的钱是从哪儿来的?"

"还没看出来你是个小富二代啊。"

"富三代。"我嘴快说出了事实,没想到许潮烨嘴更贱——

"怪不得别人老说富不过三代……"

就在前一个钟头我还以每节课五十元涨到每节课一百元要许潮烨陪我逃课散心,结果许潮烨的这句话让我更加郁闷了。

许潮烨陪着我一路吃吃喝喝,我问许潮烨:"你说谢芷菡她怎么就不喜欢我呢?我哪儿不好,她怎么那么不长眼?"

"因为你的眼里没有她,真正喜欢一个人是看得出来的。"

我诧异地望着许潮烨,原来我这一切都被她看在了眼里。许潮烨一脸无辜地说出了真相,眼睛却盯在了一堆飘荡着的气球上。

我记起了那次许潮烨也是盯着我的气球发呆,想必她是十分喜欢气球的吧。我跑到卖气球的地方财大气粗地扔下一张红色钞票,问许潮烨想要什么颜色的气球。

许潮烨的声音很模糊:"蓝色。"

那天她牵着几十个气球在街上奔跑,欢跃,身边的人群、车辆好像都是静止的,就连时间好像也停止了般,眼里全是这个女孩儿的身影。

所以，这次，我是真的动心了吧？

"许潮烨，我们在一起吧！"

5

如果那天我没有说出那句我们在一起吧，如果那天她没有那么长时间让我没有答案地等待，如果那天我没有着急说出不该说的话，如果有如果，一切是不是可以回到最初？

许潮烨告诉我："我们回不去了。"

那天许潮烨漫长的考虑，让我第一次害怕被拒绝。所以我半开玩笑地说了句："许潮烨如果你和我在一起我就不把你奶奶捡破烂的事儿说出去……"

我是真的只想要开玩笑，想要告诉她我可以帮助她，甚至给她一个美好的未来。可是，许潮烨对着我的脸狠狠掷下一张银行卡，刚好划破我的脸颊。

"捡破烂的怎么了？吃你的用你的了？这卡里是你给我的所有的钱，我从没用过一分，密码是你的生日。"

"许潮烨，我不是这个意思……"

"滚！"许潮烨几乎是嘶吼出这个字的，然后转身跑开了。

我捂住疼痛的脸颊，湿热的液体不要钱般地流下，可我手脚冰冷，在那一刻我的心里有一场海啸，只是我静静地站在那里，没有任何人知道。

那以后许潮烨看到我就绕道走，就算我费尽心思把她拦下，面对的也是她对我憎恶的眼神。我说不出任何一句话，她也听不进任何一个字。

高三分班的前夕，一群朋友在校外弄了一场分班聚会，我借着机会把露天场地的周围放满蓝色气球，我想要在这一天得到许潮烨的原谅，跟她重归于好。

直到那天我才明白，蓝色气球之于许潮烨的意义，我之于许潮烨的意义。

曾经许潮烨的爸爸妈妈不论带她去哪儿都会给她买一个蓝色的气球，她牵着气球就像牵住了未来。她很想念爸妈在时的幸福时光，只是物是人非，她只能把回忆寄托于蓝色气球的美好寓意。

许潮烨还告诉我："顾晚海，那天你牵着五颜六色的气球回教室，我一眼就看到了那些蓝色的气球，即使你满身富二代自以为是自大自我的缺点，我还是看到了你的美好。那个时候我就不可抑制地对你心动，可是我的自卑告诉我，我们注定不是一个世界的人。我带着市侩小民的形象混迹在你的生活中，默默地注视你就好。我不敢喜欢你，不敢和你在一起，我心里的伤疤总是提醒着我和你的差距。你家境好、有相貌、有前途，可是我什么都没有，这成了我的痛楚。可是在你说你要和我在一起的时候，却揭开了我最难以启齿的伤疤。我所有对你的喜欢，毁在你最无意的伤害里。或许你觉得我小气不大度，可是在我最喜欢你的时候你却提醒着我不能喜欢你，所以无数个日日夜夜我流着泪对最不想告别的你说再见，你要我怎么去选择原谅你？"

"顾晚海，我永远不会原谅你！"

6

我最后一次和许潮烨说话，是在高三毕业后她打来的电话里。

挂掉电话后，我重重地叹了口气："真的回不去了吗？"

她打来电话就是告诉我，她过了年少轻狂的年纪，她选择原谅我不经意间对她的伤害。可是我始终不明白，许潮烨为什么又说，我们回不去了？

也许没有谁会知道，为什么我追谢芷菡的时候，我的眼里没有她。因为在那以前，我的眼里就住了另一个人。

我忘了是多久以后，看夏七夕写的《蓝色气球和苏夏》里面有一句话说："这个世界上最残忍的一句话，不是对不起，也不是我恨你，而是，我们再也回不去。就是这样再简单不过的一句话，生生地将两个原本亲密的人隔为疏离。"

没有经历过的人，永远都不会明白，那是一种怎样的切肤之痛。

在以后的很多年里,每次看到空中飘过的蓝色气球,我都会想起在我年少时曾经遇见过的许潮烨。《蓝色气球和苏夏》里,陆齐铭给了苏夏一个蓝色气球,但没有给苏夏一个未来。而我,给了许潮烨几十个蓝色气球,却单单忘了给许潮烨一份年少时她最想要的温柔。

以最美的姿态离开

王道锦

时间以最残酷又让人不得不接受的方式淘汰一切过往，向前如潮水般推进着，那些曾发生于生命中的琐碎与感动，这一刻刚初为体验，下一刻便成了经历。我们逐渐站在令人尴尬的年龄段回过头，时不时会觉得那些所谓的时光就像是转了一个很大的圈子，那些荒唐又近乎幼稚的记忆，再次拿出来回味时竟又会让人时不时地羞赧与怦然。以前的文字，早已不想再去修改，也许是心知肚明，即便幼稚，那些有过的感受对于曾经又是怎样的切近与实在。

兴许有些年纪总是等到过去了才会觉得那是美好。可即便站在不得不向前踏步的直道口，我们还是习惯性地放下执念，在时代的迁徙与岁月的打磨中，难以抉择却又终要抉择。成长仿佛就是将一些历练最终转化为不得不，接受后再慢慢淡然。

　　当你真正明白时，你才知道过去的那些胡闹与调侃竟也是那样越发生动而清晰。记得日渐肆意的霞光下，你发呆似的望着窗外，听着自己的歌，写着自己的文字；记得你又站在几楼的走廊上，往下看着那些远处的风景；记得漆黑的宿舍中，嬉闹声充斥着发闷的空气，在值班老师的呵斥声后，由安静又恢复闹腾。我们都曾高谈阔论，说将来的自己会怎样怎样，好像是这个世界上最了不起的人，可最后才知道：太多时候对待现实，那时的言语竟显得是那样的苍白无力。时间让缄默替代了一切。

　　有时候，我们会为一首歌或是一场电影而热泪盈眶，原因并不是因为它演绎了自己的青春，自己的过往，而是自己艳羡着那些美好，妄图产生微乎其微的共鸣感，是的，一点儿就好。即便联系自己它并不真实甚至虚假。

　　七堇年说："尽管，生命中的温暖一直都与我们遥遥在望，而我们只不过是拒绝路过。"我们在不懂与并不领情的年华度过后再慢慢试着追悼时光。有时在梦里，我们回到以前；有时醒后是那样清醒而倍感怀念。

　　原来错过了便只能错过，原来一直絮叨着的东西不经意间便悄然而至。

　　一直执拗地以为所谓的遇见像是注定后的偶然，生命中的每个人，每一道风景都有它存在的意义，百转千回，仍改变不了最初的模样，梦绕魂牵。

可转过身，有些舍不得终究舍得，有些话想说又立马哑然。时间真是最好的见证者，有些东西变淡了，可有些东西又好像没变。

在众多的牵绊下，我们失却的是一种勇气。

相遇阴差阳错一般地上演，如果可以，是否自己会选择再早或晚些相遇；如果可以，选择等待究竟又能不能长久。

时间记录着诺言，戳破无力争执的雄辩。

年岁中，我们以最美的姿态离开。